Mythras

Fondamentaux

Développé et écrit par
Pete Nash et Lawrence Whitaker

Édition
Brian Pivik et Lisa Tyler

Conception et mise en page
The Design Mechanism

Artistes
David Benzal, Lee Smith, Chris Yarborough

Version française
James Manez, Stéphane Salmons, Benoît Tainturier
Logo d100.fr réalisé par Olivier Boyaval
Fiche de personnage réalisée par Pelayo MDC

Remerciements VO
John Hutchinson, Carol Johnson, Brian Pivik, Simon Bray, Bruce Mason,
ainsi que tous les membres des forums de The Design Mechanism

Remerciements VF
Franck Florentin, Laurent Falaschi et Alexis Flamand pour leur travail sur RQ6 VF, Gran Orco pour son aide,
ainsi que tous les acheteurs et joueurs de RQ6 VF

Contact VO
www.thedesignmechanism.com et www.mythrasrpg.com.
Facebook : https://www.facebook.com/The-Design-Mechanism
G+ : https://plus.google.com/communities/113034383032729983266

Contact VF
https://d100.fr
Twitter : https://twitter.com/d100fr
d100.fr est un label du Scriptorium, collectif de création et de traduction de fictions : https://le-scriptorium.fr

Mythras — Fondamentaux est produit avec l'autorisation de The Design Mechanism. Mythras une marque déposée de The Design Mechanism
Tous droits réservés. Cette édition de Mythras est © 2016

Publié sous licence au Royaume-Uni par Aeon Games Publishing
www.aeongamespublishing.co.uk/fr
ISBN 978-1-91147 115-8

Vous avez l'autorisation de distribuer gratuitement la version PDF de Mythras — Fondamentaux et de faire des copies pour votre usage personnel.
Le contenu de Mythras — Fondamentaux peut également être utilisé comme base de vos propres variantes ludiques en utilisant la licence **Mythras Gateway**. Pour obtenir des informations sur cette licence, veuillez contacter The Design Mechanism (designmechanism@gmail.com)

Version du 15 septembre 2016

Introduction

Introduction	2
Personnages	4
Étapes de création	5
Caractéristiques	5
Attributs	6
Compétences	7
Choisir une culture	11
Choisir une profession	12
Points de compétence bonus	12
Professions	12
Choisir des passions	14
Équipement	14
Compétences	15
Comment savoir si j'ai réussi ?	15
Points de chance	16
Gestion du temps de jeu	17
Blessures et guérison	17
Combat	19
Styles de combat	19
Déroulement d'un combat	19
Fonctionnement du combat	21
Effets spéciaux	22
Combat rapproché	25
Combat à distance	26
Localisations	27
Armes et armures	27
Règles diverses	28
Créatures	30

MYTHRAS est le dernier descendant d'une longue lignée de jeux de rôle basés sur l'utilisation d'un dé à pourcentage (d100 ou d%), tels que RUNEQUEST et *Basic Roleplaying*. Lawrence Whitaker et Pete Nash, les concepteurs du jeu, sont d'ailleurs les auteurs des cinquième et sixième éditions de RUNEQUEST.

La base du système est intuitive. Les compétences et les passions du personnage, qui représentent ses savoir-faire et ses motivations, sont notées sur 100 ; pour déterminer si son personnage réussit l'action qu'il veut entreprendre, un joueur lance un d100 et tente d'obtenir un résultat inférieur ou égal à la valeur de la compétence ou de la passion appropriée.

Bien entendu, de nombreuses règles supplémentaires enrichissent l'expérience de jeu ; toutefois, aucune n'est essentielle. De plus, vous penserez peut-être que les règles manquent de détail pour gérer certains situations ou sont au contraire trop complètes dans d'autres cas. Nous vous invitons donc à considérer les règles non pas comme des commandements, mais comme des outils, des guides ou des sources d'inspiration. Si vous n'aimez pas une règle ou la trouvez trop complexe, ignorez-la ! Si vous désirez adapter une règle à une situation imprévue, faites-le ! Ceci est votre jeu : votre MYTHRAS sera différent de celui des autres.

MYTHRAS — FONDAMENTAUX est une version réduite à l'essentiel de MYTHRAS. La création de personnages est moins détaillée, le nombre d'options de combat a été réduit et la magie est absente. Nous avons procédé à ces simplifications pour faciliter vos premiers pas. Sur ce, bonne lecture et surtout bon jeu !

> **ARRONDIR LES NOMBRES ET LES RÉSULTATS**
> Vous aurez parfois besoin de diviser des nombres, en général la valeur d'une compétence. Lorsque le résultat d'une division est une fraction, arrondissez toujours au nombre entier le plus élevé. Par exemple, un dixième de 64 % est égal à 6,4, mais sera arrondi à 7.

Mythras

Character Sheet

Joueur :
Personnage : **Sexe :** **Âge :**
Espèce : **Culture :**
Corpulence : **Classe Sociale :**
Hauteur : **Profession :**
Poids :

Notes sur l'historique, la communauté & la famille

Caractéristiques

	Origine	Max.	Actuel
Force			
Constitution			
Taille			
Dextérité			
Intelligence			
Pouvoir			
Charisme			

Attributs

	Origine	Actuel
Points d'action		
Modificateur de dégâts		
Modificateur de guérison		
Vitesse de déplacement		
Initiative		
Points de chance		
Mouvement		

Contacts, alliés & ennemis

Argent & richesses

Revenu — Jour / Semaine / Saison / Année
P. Argent

Points de magie
0 1 2 3 4 5 6 7 8 9 10
11 12 13 14 15 16 17 18 19 20
21 22 23 24 25 26 27 28 29 30

PM utilisés (effets actifs) :

Compétences standards

Compétence	Base %	Actuel %
Athlétisme	FOR + DEX	
Bagarre ▲	FOR + DEX	
Camouflage ▲	FOR + CON	
Chant	CHA + POU	
Conduite ▲	DEX + POU	
Coutumes	INT x 2	
Danse ▲	DEX + CHA	
Discrétion	DEX + INT	
Dissimulation	DEX + POU	
Endurance	CON x 2	
Équitation ▲	DEX + POU	
Esquive ▲	DEX x 2	
Force Brute ▲	FOR + TAI	
Influence	CHA x 2	
Natation ▲	FOR + CON	
Perception	INT + POU	
Perspicacité	INT + POU	
Premiers Soins	INT + DEX	
Savoir Régional ▲	INT x 2	
Tromperie	INT + CHA	
Volonté	POU x 2	

Compétences professionnelles

Compétence	Base %	Actuel %

Langues (INT + CHA)

	L. natale ( )	%

Jets d'expérience

Compétences de magie

Compétence	Base %	%
Contrainte	POU + CHA	
Dévotion	POU + CHA	
Exhortation	INT + CHA	
Mage Populaire	POU + CHA	
Manipulation	INT + POU	
Méditation	CON + INT	
Mysticisme	CON + POU	
Innovation	INT x 2	
Transe	CON + POU	

Passions

Passion	%

Conception et mise en page : Pelayo MDC

✪ : Maladresse du PJ à une compétence | ✪ : Compétence entraînée | ▲ : Affecté par l'encombrement (ENC) | ⓤ : Pénalité d'armure

---

Armure & équipement

ENC de l'équipement :
ENC de l'armure (équipée = ENC/2) :
ENC TOTAL
Pénalité d'armure (ⓤ) = ENC de l'armure/5

Localisations

d20	Localisation	PA	Points de vie
19-20	Tête	0	−1 −2 −3 −4 −5 −6 −7 −8 −9 −10
16-18	Bras droit	0	−1 −2 −3 −4 −5 −6 −7 −8 −9 −10
13-15	Bras gauche	0	−1 −2 −3 −4 −5 −6 −7 −8 −9 −10
10-12	Poitrine	0	−1 −2 −3 −4 −5 −6 −7 −8 −9 −10
7-9	Abdomen	0	−1 −2 −3 −4 −5 −6 −7 −8 −9 −10
4-6	Jambe gauche	0	−1 −2 −3 −4 −5 −6 −7 −8 −9 −10
1-3	Jambe droite	0	−1 −2 −3 −4 −5 −6 −7 −8 −9 −10

Résistances

Compétence	Base %	%
Endurance	CON x 2	
Esquive ▲	DEX x 2	
Force Brute ▲	FOR + TAI	
Volonté	POU x 2	

Styles de combat

Nom du style — **Armes** — **Trait**

Fatigue

- Frais
- Essoufflé
- Fatigué
- Exténué
- Épuisé
- Affaibli
- Incapacité
- Semi-conscient
- Comateux
- Mort

Armes & boucliers

Armes de mêlée & boucliers — Dégâts | Taille | Allonge | Qualités | Effets spéciaux

Armes à distance — Dégâts | MD | Imp. | Rech. | Portée | Effets spéciaux

Mouvement

Types de mouvement	Valeur
Marche	ⓤ
Course/Mouv. + Alt. % / 2; 3,0 m x 3	ⓤ/m
Sprint/ Mouv. + Alt. % / 1,5 m x 5	ⓤ/m
Saut² Horizontal Plat x 1 + Alt. %/70 m	ⓤ/m
Vertical Plat /4 + Alt. %/70 m	ⓤ/m
Terrain accidenté	
Escalade Terrain abrupt	
Paroi verticale	
Nage³ Mouvement + Natation %/10 m	ⓤ s/m

²: Réussite critique en Ath. : +1 m au Mouv. de base ou de saut
³: hp.: hauteur du PJ (mètres); Élan minimal = 5 m.
Sans élan : distance réduite de moitié et −ⓤ /4 m.
³: Réussite critique en Natation = −1 m.
³: Mouv. Natation / 2 − ⓤ = { > 0 : PJ flotte, peut nager.
= 0 : PJ flotte, pas de nage.
< 0 : PJ coule. }

Informations cultuelles

Sorts ☆ Esprits ☆ Talents ☆ Miracles

Capacités

	Max.	Actuel

PA | **PV (Max./actuel)** | **Taille** | **PA** | **Effets spéciaux**

Conception et mise en page : Pelayo MDC

✪ : Maladresse du PJ à une compétence | ✪ : Compétence entraînée | ▲ : Affecté par l'encombrement (ENC) | ⓤ : Pénalité d'armure

Personnages

Dans MYTHRAS, chaque joueur dirige un personnage, souvent très différent de lui, aussi bien physiquement que mentalement. Selon le cadre de jeu, les personnages de MYTHRAS peuvent appartenir à des espèces variées : un cadre historique se limitera à des humains, mais un cadre fantastique peut comporter par exemple des nains, des elfes ou encore des hommes-lézards.

Les capacités d'un personnage sont définies par trois catégories d'éléments.

- Les caractéristiques, comme la Force ou le Charisme ;
- Les attributs, comme les points de vie ou le mouvement ;
- Les compétences, qui représentent le savoir-faire ou l'expertise dans un domaine particulier.

La plupart de ces éléments sont transcrits en nombres, et certains sont calculés à partir des valeurs des autres. Le joueur les note tous sur une feuille de personnage, qui est un moyen d'organiser et de conserver les informations liées à son alter ego. Vous trouverez à la page précédente une feuille de personnage générique.

La création d'un personnage compte huit étapes, qui seront détaillées au fil du présent chapitre. Étant donné que certains nombres, comme les valeurs des compétences, peuvent changer plusieurs fois lors de la création, nous conseillons au joueur d'utiliser un crayon, une gomme ainsi qu'une feuille de brouillon et d'attendre la fin d'une étape de création avant de reporter les informations pertinentes sur la feuille de personnage.

Étapes de création

1. Concept du personnage
- Décidez du type de personnage que vous désirez jouer. Gardez un concept simple pour l'instant : vous pourrez affiner par la suite.

2. Caractéristiques
- Première méthode : Si vous incarnez un humain, lancez 3d6 pour la FOR, la CON, la DEX, le POU et le CHA, et 2d6 pour l'INT et la TAI. Répartissez les résultats entre les caractéristiques en respectant votre concept de personnage.
- Deuxième méthode : Distribuez 75 points entre les caractéristiques, avec un minimum de 3 (8 pour l'INT et la TAI) et un maximum de 18.

3. Calculez les attributs
- Utilisez les caractéristiques pour déterminer l'initiative, le modificateur de dégâts, le modificateur d'expérience, le mouvement, les points d'action, les points de chance, les points de vie et la vitesse de guérison.

4. Compétences standards
- Calculez la valeur de base des compétences standards, en faisant la somme des caractéristiques appropriées.

5. Culture
- Choisissez un milieu culturel : Barbare, Civilisé, Nomade ou Primitif. Allouez 100 points parmi les compétences standards correspondantes, les compétences professionnelles choisies et les éventuels styles de combat de cette culture.

6. Profession
- Choisissez une profession parmi celles qui sont autorisées par le cadre de jeu et la culture du personnage. Distribuez 100 points parmi les compétences standards correspondantes et les compétences professionnelles choisies.

7. Points de compétence bonus
- Répartissez 150 points entre n'importe quelles compétences standards et parmi les compétences professionnelles liées à la culture ou à la profession du personnage.

8. Équipement
- Déterminez l'équipement de départ du personnage selon sa culture et sa profession.

Concept du Personnage

Pour commencer, réfléchissez au type de personnage que vous voudriez incarner : un guerrier endurci, un voleur rusé, etc.

À ce stade, vous n'avez pas besoin d'un concept élaboré, seulement d'une idée qui facilitera vos choix lors des étapes suivantes. Voici quelques exemples classiques pour vous aider :

- *Un fier chasseur barbare ;*
- *Un jeune sorcier naïf ;*
- *Un mineur de gemmes au caractère exécrable ;*
- *Un assassin amoral ;*
- *Un pilote de vaisseau spatial au tempérament de tête brulée ;*
- *Un dresseur de dinosaures ;*
- *Un archéologue curieux ;*
- *Un mercenaire sans scrupules.*

Caractéristiques

Les sept caractéristiques sont les briques de base de votre personnage. Tout d'abord, elles indiquent ses points forts et ses points faibles : est-ce qu'il est fort, robuste, intelligent ? Ensuite, elles sont utilisées pour calculer la plupart des autres éléments du personnage, comme ses attributs et ses compétences.

Voici les sept caractéristiques :

- Force (FOR) ;
- Constitution (CON) ;
- Taille (TAI) ;
- Dextérité (DEX) ;
- Intelligence (INT) ;
- Pouvoir (POU) ;
- Charisme (CHA).

Avant d'expliquer comment calculer les caractéristiques, nous allons les définir ci-dessous.

Force (FOR)

La FOR représente la puissance physique d'un personnage : ce qu'il peut soulever, la vigueur de ses coups, etc. Elle est un composant du modificateur de dégâts (voir page 6). Si un personnage est réduit à 0 en FOR, il ne peut plus se déplacer ni soulever des objets.

Constitution (CON)

La CON reflète la santé et la robustesse. Elle intervient dans le calcul des points de vie (voir page 7) et de la vitesse de guérison (voir page 7). Si la CON tombe à 0, le personnage meurt.

Taille (TAI)

La TAI mesure la masse du personnage. Elle aide à déterminer sa hauteur et son poids, ainsi qu'à calculer ses points de vie (voir page 7), étant donné que les créatures plus grandes et lourdes résistent en général mieux aux dégâts. Enfin, elle sert à déterminer son modificateur de dégâts, car la masse contribue à la force d'un coup.

Dextérité (DEX)

La DEX représente l'agilité, l'équilibre et les réflexes du personnage. Elle entre en compte dans le calcul des points d'action (voir page 6) et de l'initiative (voir pages 6 et 20). Un personnage réduit à 0 en DEX est paralysé.

Intelligence (INT)

L'INT mesure les capacités cognitives. Un personnage avec une INT plus faible n'est pas forcément stupide, mais il n'utilisera pas son intellect de la façon la plus créative ou appropriée qui soit. L'INT influe sur les points d'action et l'initiative. Un personnage réduit à 0 en INT devient un vrai légume.

Pouvoir (POU)

Le POU peut représenter différentes choses selon le cadre de jeu. Elle peut, par exemple, refléter la force intérieure ou spirituelle, l'âme ou la capacité magique. Le POU détermine les points de magie (dans un cadre de jeu fantastique) et les points de chance (voir page 6). Un personnage réduit à 0 en POU perd toute volonté propre.

Charisme (CHA)

Le CHA représente la personnalité plutôt que l'apparence physique : le charme d'un personnage avec un CHA élevé peut donc compenser son éventuelle laideur. Le CHA affecte le modificateur d'expérience (voir page page 6). Un personnage dont le CHA tombe à zéro devient tellement timide ou asocial que les gens l'ignorent ou le rejettent : il ne peut plus avoir de relations sociales.

Calculer les caractéristiques

Chaque caractéristique est chiffrée : plus ce chiffre est élevé, plus la caractéristique correspond à un point fort du personnage.

La méthode par défaut comporte une forte part d'aléatoire, ce qui accélère la création, mais peut invalider votre concept de personnage ; nous vous conseillons donc d'attendre que les caractéristiques soient déterminées avant de choisir votre concept.

Si vous incarnez un personnage humain, lancez 3d6 et additionnez les résultats (ex : 3 + 4 + 3 = 10) pour chacune des caractéristiques suivantes : FOR, CON, DEX, POU et CHA. Ensuite lancez 2d6 + 6 et faites la somme pour la TAI et l'INT. Le nombre de dés peut varier pour une autre espèce.

Le Maître de Jeu est libre d'imaginer d'autres méthodes. Voici trois exemples :

- **Caractéristiques semi-aléatoires** : La méthode est similaire, mais le joueur peut échanger les résultats de caractéristiques avec la même échelle de valeurs.
- **Réserve de dés** : Lancez 19 dés à six faces et assignez trois résultats à chaque caractéristique. La TAI et l'INT n'ont droit qu'à deux résultats, auxquels on ajoute 6.
- **Dépense de points** : Les joueurs disposent d'un capital de 75 points qu'ils répartissent entre les caractéristiques. Une caractéristique ne peut être plus basse ou plus haute que ses résultats minimums ou maximums de lancer (respectivement 3 et 18 pour une caractéristique à 3d6).

Attributs

Chaque personnage possède aussi des attributs : ces capacités particulières, dérivées des caractéristiques, contribuent à certains éléments du jeu. Les attributs sont les suivants :

- Bonus d'initiative ;
- Modificateur de dégâts ;
- Modificateur d'expérience ;
- Mouvement ;
- Points d'action
- Points de chance ;
- Points de magie ;
- Points de vie ;
- Vitesse de guérison.

Bonus d'initiative

L'initiative détermine le moment où quelqu'un agit au combat. Le bonus d'initiative agit comme un modificateur des jets d'initiative : plus il est élevé, plus le personnage est susceptible d'agir rapidement. Des facteurs comme l'armure peuvent l'affecter. Le bonus d'initiative est égal à la **moyenne des valeurs de DEX et d'INT**.

Modificateur de dégâts

Cet attribut représente la quantité supplémentaire de dégâts qu'un personnage inflige lorsqu'il frappe ou utilise sa force. Il prend la forme d'un dé supplémentaire qui est ajouté ou soustrait aux dégâts infligés par l'arme ou l'outil. Si un modificateur négatif réduit les dégâts de l'arme à 0 ou moins, aucun dégât n'est infligé. Ajoutez la FOR à la TAI et consultez le tableau de Modificateur de dégâts :

Modificateur de dégâts

FOR + TAI	Modificateur de dégâts
5 ou moins	– 1d8
6-10	– 1d6
11-15	– 1d4
16-20	– 1d2
21-25	0
26-30	+ 1d2
31-35	+ 1d4
36-40	+ 1d6
41-45	+ 1d8
46-50	+ 1d10
51-60	+ 1d12
61-70	+ 2d6
71-80	+ 1d8 + 1d6
81-90	+ 2d8
91-100	+ 1d10 + 1d8
101-110	+ 2d10
111-120	+ 2d10 + 1d2
Tous les 10 points en +	Continuer la progression

Modificateur d'expérience

Les personnages améliorent leurs compétences et leurs capacités grâce aux jets d'expérience, décrits plus en détail à la page 18.

La valeur de CHA d'un personnage influe sur le nombre de jets d'expérience qu'il obtient ; cela représente les liens qu'il entretient avec ses pairs et sa réputation au sein de sa communauté.

Modificateur d'expérience

CHA	Modificateur d'expérience
6 ou moins	– 1
7-12	0
13-18	+ 1
Tous les 6 points en +	+ 1

Mouvement

Chaque créature possède une valeur de mouvement, qui indique le nombre de mètres qu'elle peut parcourir durant un temps donné. Le mouvement ne dérive pas des caractéristiques et dépend uniquement de l'espèce à laquelle appartient la créature. Le mouvement de base d'un humain est de **6 mètres**.

Points d'action

Cet attribut détermine le nombre de fois qu'un personnage peut agir lors d'un round de combat (voir page 19). Par souci de simplification, tous les personnages possèdent **2 points d'action**. Notez que les personnages créés avec les règles complètes de Mythras peuvent avoir des valeurs différentes, selon leur INT et leur DEX.

Points de chance

Les points de chance représentent cette force étrange qui différencie les héros du commun des mortels : destin, karma, bonne étoile... Ils peuvent servir à :

- relancer les dés s'ils sont défavorables ;
- limiter les dégâts physiques ou autres conséquences déplaisantes ;
- obtenir un avantage à un moment décisif d'un combat.

Leur utilisation précise est décrite à la page 17. Lorsqu'un point de chance a été dépensé, la réserve décroit ; un personnage à court de points de chance doit attendre la prochaine séance de jeu pour les récupérer — sauf si le Maitre de Jeu est d'humeur généreuse !

Points de chance

POU	Points de chance
6 ou moins	1
7-12	2
13-18	3
Tous les 6 points en +	+ 1

Points de magie

Les sorts et les capacités mystiques reposent sur les points de magie ou un équivalent, comme les points psi dans un univers de science-fiction. Les points de magie d'un personnage sont égaux à son POU. Ces points servent à lancer des sorts ou à déclencher des pouvoirs surhumains, dont le cout dépend du type de magie employé. Un personnage à court de points de magie ne peut plus lancer de sorts tant qu'il n'a pas récupéré une partie de ses points.

Points de vie par localisation — TAI + CON

Localisation	1-5	6-10	11-15	16-20	21-25	26-30	31-35	36-40	+ 5 pts
Chaque jambe	1	2	3	4	5	6	7	8	+ 1
Abdomen	2	3	4	5	6	7	8	9	+ 1
Poitrine	3	4	5	6	7	8	9	10	+ 1
Chaque bras	1	1	2	3	4	5	6	7	+ 1
Tête	1	2	3	4	5	6	7	8	+ 1

Points de vie

Les points de vie représentent les blessures que peut endurer telle ou telle partie du corps avant d'être rendue inutilisable, ce qui peut mettre hors de combat ou tuer le personnage. Le corps de chaque créature est divisé en plusieurs parties, dénommées *localisations*. Par exemple, les humains en ont sept : la tête, la poitrine, l'abdomen, les bras et les jambes. Chaque localisation possède ses propres points de vie. Pour calculer les points de vie de chaque localisation, faites la somme de la CON et de la TAI et consultez le tableau des Points de vie par localisation ci-dessus.

Vitesse de guérison

Un personnage ayant subi des blessures a besoin de récupérer. La vitesse de guérison détermine la vitesse à laquelle le personnage retrouve ses points de vie chaque jour, semaine, ou mois, selon la sévérité des blessures (voir page 17 pour plus de détails).

Vitesse de Guérison

CON	Vitesse de guérison
6 ou moins	1
7-12	2
13-18	3
Tous les 6 points en +	+ 1

Compétences

Il existe deux types de compétences. Tout le monde possède les compétences standards : se faufiler discrètement, influencer les autres, etc. Par contre, les compétences professionnelles requièrent un entrainement spécifique : pister des animaux sauvages, piloter un vaisseau spatial, comprendre des langues anciennes, etc.

Les personnages disposent de trois réserves de points à dépenser pour améliorer leurs compétences. La première réserve est liée à la culture dans laquelle ils ont grandi, la deuxième est liée à la profession qu'ils ont adoptée à la sortie de l'enfance, et la dernière, dite « libre », sert à élargir leurs savoir-faire. La taille des réserves, les cultures et les professions disponibles dépendent du cadre de jeu.

Par exemple, un personnage débutant peut disposer de 100 points à la réserve culturelle, de 100 points à la réserve professionnelle et de 150 à la réserve libre.

Une culture ou une profession comprend un ensemble de compétences standards et professionnelles spécifiques parmi lesquelles les joueurs peuvent répartir les points de la réserve appropriée (culturelle ou professionnelle). Bien entendu, des compétences professionnelles telles que Pilotage de Vaisseau Spatial ont peu de chances d'être rencontrées dans un monde médiéval-fantastique.

Compétences standards

Compétence	Pourcentage de base
Athlétisme	FOR + DEX
Bagarre	FOR + DEX
Canotage	FOR + CON
Chant	CHA + POU
Conduite	DEX + POU
Coutumes	INT x 2
Danse	DEX + CHA
Discrétion	DEX + INT
Dissimulation	DEX + POU
Endurance	CON x 2
Équitation	DEX + POU
Esquive	DEX x 2
Force brute	FOR + TAI
Influence	CHA x 2
Langue natale	INT + CHA
Natation	FOR + CON
Perception	INT + POU
Perspicacité	INT + POU
Premiers Soins	INT + DEX
Savoir Régional	INT x 2
Tromperie	INT + CHA
Volonté	POU x 2
Style de Combat	FOR + DEX

Compétences standards

Ces compétences couvrent une gamme d'activités usuelles et de connaissances locales à la portée de tous, sans entrainement particulier.

La valeur de base de chaque compétence standard est déterminée en faisant la somme de deux caractéristiques ou en multipliant une seule caractéristique. Cette valeur représente les capacités innées du personnage dans un domaine, avant d'avoir reçu une formation liée à sa culture et sa profession. Elle indique aussi les chances de succès, en pourcentage, en cas d'utilisation de la compétence : 25 en Athlétisme est en fait 25 %.

Athlétisme (FOR + DEX)

L'Athlétisme englobe un ensemble d'activités physiques, comme l'escalade, le saut ou la course.

Bagarre (FOR + DEX)

Bagarre détermine la capacité à combattre sans l'aide d'armes.

Canotage (FOR + CON)
Cette compétence recouvre le maniement de petites embarcations sur des rivières, des lacs et le long d'un littoral.

Chant (CHA + POU)
Cette compétence regroupe aussi bien les litanies monotones que les arias complexes. La plupart des cultures accordent une place importante au chant dans leurs divertissements, voire dans leurs rituels.

Conduite (DEX + POU)
Cette compétence concerne le contrôle de véhicules à roues ou à attelage, qu'ils soient modernes ou à traction animale. Un jet de Conduite est nécessaire lorsqu'un personnage veut accomplir quelque chose sortant de l'ordinaire avec un véhicule : traverser un terrain difficile, sauter par dessus des obstacles, etc.

Coutumes (INT x 2)
Coutumes représente les connaissances du personnage sur le fonctionnement de sa communauté : codes sociaux, rites, tabous...

Danse (DEX + CHA)
La compétence mesure la capacité du personnage à se mouvoir en rythme et avec précision. Presque toutes les cultures utilisent la danse d'une façon ou d'une autre, que ce soit à des fins récréatives ou rituelles.

Discrétion (DEX + INT)
La Discrétion sert à se cacher ou à se mouvoir le plus silencieusement possible.

Dissimulation (DEX + POU)
Dissimulation est le complément de Discrétion, aidant à cacher des objets plutôt que le personnage lui-même.

Endurance (CON x 2)
Un personnage endurant peut supporter le stress physique, la douleur et la fatigue. L'Endurance peut être utilisée de plusieurs façons, mais sert en particulier à résister aux effets des blessures, des poisons et des maladies.

Équitation (DEX + POU)
Cette compétence désigne la capacité à contrôler une créature dressée à être montée. Elle peut s'appliquer à plusieurs types de bêtes : mules, éléphants, voire des créatures maritimes ou volantes.

Esquive (DEX x 2)
Cette compétence sert à échapper à un danger physique et peut donc servir à éviter les armes à distance (en plongeant vers un abri, par exemple) ou les pièges, ou encore à changer la distance d'engagement dans un combat.

Force Brute (FOR + TAI)
Cette compétence permet d'exploiter pleinement sa force physique. Elle regroupe des actions comme le lever de poids, le bris d'objets ou les épreuves de force.

Influence (CHA x 2)
Cette compétence mesure la capacité d'un personnage à persuader les autres de se comporter comme il le souhaite. Elle est utilisée dans des situations très diverses : changer l'opinion de quelqu'un, corrompre un officier ou un garde...

Langue Natale (INT + CHA)
Cette compétence correspond à la capacité à parler la langue apprise au sein de sa communauté. Elle mesure l'articulation, l'éloquence et la richesse du vocabulaire du personnage.

Natation (FOR + CON)
Cette compétence reflète la capacité à garder la tête hors de l'eau, y compris en faisant la nage du chien ou en nageant sur place. Un bon score permet de nager dans des eaux plus agitées et profondes, avec moins de risques de noyade.

Perception (INT + POU)
La Perception est utilisée aussi bien pour l'observation passive que pour une détection précise : recherche de quelque chose de spécifique, fouille d'un lieu, repérage rapide des environs...

Perspicacité (INT + POU)
Cette compétence représente la capacité du personnage à repérer et à interpréter des signes verbaux et non verbaux afin de déterminer les motivations et l'état d'esprit d'un individu. Par exemple, elle peut aider à savoir si quelqu'un ment.

Premiers Soins (INT + DEX)
Cette compétence mesure la capacité d'un personnage à soigner des blessures légères et à stabiliser celles qui sont plus sévères. Elle peut être appliquée une fois par blessure et soigne 1d3 points de dégâts.

Savoir Régional (INT x 2)
Cette compétence mesure la compréhension qu'un personnage a de la faune, de la flore, du terrain et du climat de la région où il a passé la majeure partie de sa vie, habituellement au sein de sa communauté.

Tromperie (INT + CHA)
La Tromperie recouvre toutes les occasions où un personnage tente de masquer la vérité : mensonge éhonté, duperie d'un garde, bluff lors d'un jeu de cartes...

Volonté (POU x 2)
Cette compétence mesure la capacité d'un personnage à se concentrer et à canaliser son énergie physique, ou à résister à un choc mental. C'est aussi un indicateur de la détermination du personnage.

Style de Combat (spécifique à la Culture ou à la Profession) (FOR + DEX)
Un Style de Combat représente la capacité d'utiliser les armes habituelles d'une culture ou d'une profession. La plupart des traditions martiales englobent à la fois le maniement de plusieurs armes et les techniques requises pour les utiliser efficacement, que ce soit individuellement ou en combinaison. De plus, elles peuvent favoriser un type de combat précis, comme le combat monté ou les batailles rangées. Les Styles de Combat peuvent être très variés, allant du combat de gladiateurs à l'infanterie mobile des Space Marines.

Compétences
professionnelles

Les compétences professionnelles représentent des formes plus spécialisées d'entrainement et d'expertise. À la création, un personnage ne possède que celles liées à sa culture ou à sa profession. Par la suite, il pourra apprendre de nouvelles compétences professionnelles auprès d'experts.

Acrobatie (FOR + DEX)

L'Acrobatie recouvre les exercices d'équilibre, la gymnastique, le jonglage et les cascades. La compétence peut être utilisée pour impressionner un public, mais aussi pour limiter les dégâts d'une chute. Dans certains cas, l'Acrobatie peut aussi remplacer l'Esquive.

Art (POU + CHA)

Il existe de nombreuses formes d'art : peinture, poésie, littérature, sculpture... Lorsque le personnage prend cette compétence, il choisit une spécialisation artistique et devra développer séparément les autres formes d'art.

Artisanat (DEX + INT)

L'Artisanat sert à créer un produit, dont la durée de fabrication dépend de sa nature : par exemple, il faut plus de temps pour tisser un tapis que pour tourner un vase. Toutefois, d'autres facteurs importent plus que le temps : le savoir-faire de l'artisan, son souci du détail et la qualité des matières premières. Le personnage choisit une spécialisation artisanale et devra développer séparément les autres formes d'artisanat.

Astrogation (INT x2)

L'astrogation peut être vue comme un équivalent futuriste de la compétence Orientation. Il permet aux pilotes de vaisseaux spatiaux de planifier un itinéraire sur des distances stellaires et interstellaires.

Bureaucratie (INT x 2)

Cette compétence regroupe la connaissance des procédures et des conventions administratives. Elle est utilisée pour interagir avec des officiels ou pour trouver des informations pertinentes dans les documents officiels.

Comédie (CHA x 2)

La Comédie désigne l'art d'interpréter un personnage totalement différent de soi, que ce soit sur scène ou dans la vie quotidienne.

Commerce (INT + CHA)

Cette compétence sert à évaluer la valeur de biens ou de services et à les échanger au meilleur prix. De plus, elle aide à comprendre les subtilités des transactions commerciales.

Connaissance (INT x 2)

Connaissance recouvre un domaine de savoir spécifique, à choisir lors de l'apprentissage de la compétence. Astrologie, astronomie, géographie, histoire, monstres, mythologie, politique, stratégie, tactiques... sont quelques exemples typiques de Connaissance. Grâce à Connaissance, un personnage comprend les éléments fondamentaux du domaine concerné, sait comment les appliquer pour résoudre des problèmes et pour se rappeler des informations utiles.

Contrefaçon (DEX + INT)

Cette compétence permet la réalisation ou la falsification de documents officiels.

Courtoisie (INT + CHA)

Cette compétence désigne la capacité à se comporter de façon appropriée dans une situation formelle : formules de salut, rituels et conventions sociales, etc. À qui et quand faire une révérence, quand recourir à des titres ou parler de façon plus informelle... Tout cela fait partie de la Courtoisie !

Crochetage (DEX x 2)

Le Crochetage est la capacité à ouvrir un système de serrure mécanique sans l'aide d'une clé ou d'un autre objet créé pour la serrure. La compétence inclut aussi les techniques pour forcer des portes bloquées ou verrouillées sans causer de dégâts.

Culture (INT x 2)

Culture ressemble à la compétence standard Coutumes, mais elle s'applique à des sociétés autres que celle du personnage. Chaque compétence de Culture ne concerne qu'une nation ou une société particulière. Sinon, la compétence fonctionne de la même façon que Coutumes.

Déguisement (INT + CHA)

Cette compétence permet de se déguiser de façon convaincante à l'aide des éléments appropriés (costume, perruque, grimage, etc.). Pour créer un bon déguisement, il faut avoir du temps, le souci du détail et l'accès aux bons matériaux.

Démolition (INT + POU)

Grâce à cette compétence, un personnage peut manipuler en toute sécurité du matériel explosif.

Détecteurs (INT + POU)

Cette compétence permet une analyse et une utilisation précise d'appareils de détection allant des renifleurs chimiques aux scanners militaires à longue portée.

Écriture/Lecture (langue spécifique) (INT x 2)

Parler couramment une langue ne signifie pas que l'on est capable de lire ou d'écrire dans cette langue. Cette compétence varie selon les cultures.

Dans certaines sociétés, elle sera réservée à la noblesse, au clergé ou à la bureaucratie. Dans d'autres, elle sera inconnue et les traditions orales prévaudront. Dans une société moderne ou futuriste, la lecture et l'écriture sont peut-être enseignées par défaut ; dans ce cas, la compétence Écriture/Lecture peut être intégrée à la compétence Langue appropriée.

Électronique (DEX + INT)

L'utilisateur de cette compétence est capable de bricoler, de réparer ou de désactiver des appareils électroniques. Il peut ainsi réparer temporairement un équipement endommagé ou remplacer des circuits cassés. Par contre, la compétence ne peut être utilisée pour concevoir ou fabriquer de nouveaux appareils électroniques ; la compétence Ingénierie couvre ces cas de figure.

Éloquence (POU + CHA)

Un personnage éloquent peut prononcer un discours à une foule pour défendre ou dénigrer un point de vue. Ont recours à cette compétence aussi bien les politiciens désireux de faire adopter une mesure que les officiers qui veulent inspirer leurs troupes et imposer la discipline sur le champ de bataille. Lorsqu'il faut convaincre un groupe important, Éloquence remplace Influence.

Enseignement (INT + CHA)

Grâce à cette compétence, le personnage peut transmettre avec pédagogie son savoir et ses techniques. Sans elle, même le plus grand maitre risque d'être un piètre professeur.

Guérison (INT + POU)

Guérison (ou Médecine dans un monde moderne ou futuriste) représente la connaissance approfondie des procédures médicales d'une culture donnée. Par exemple, dans une culture primitive ou barbare, le guérisseur aura recours à des plantes ou des remèdes naturels. Dans une culture civilisée, il utilisera plutôt des drogues et des traitements plus élaborés. Quelle que soit la culture, Guérison permet au moins de remettre des os en place ou de suturer des blessures.

Ingénierie (INT x 2)

Cette compétence recouvre la conception et la construction de structures de grande taille : maisons, ponts, portails, engins de siège, etc. Des jets sont nécessaires lors de la planification de projets de grande envergure pour s'assurer d'une construction correcte, mais aussi lorsqu'un ingénieur veut vérifier l'intégrité d'une structure, par exemple pour en détecter les points faibles ou vérifier l'avancée des réparations.

Jeux de Hasard (INT + POU)

Cette compétence mesure les performances du personnage dans les jeux de hasard, surtout si de l'argent est misé. Elle sert à déterminer les chances de succès ou d'échec ainsi qu'à repérer les éventuels tricheurs.

Jouer d'un Instrument (DEX + CHA)

Grâce à cette compétence, le personnage peut jouer d'instruments de musique, de la simple flute à la harpe. Chaque variante de la compétence s'applique à un groupe d'instruments similaires. Un musicien qui sait jouer de la clarinette peut aussi jouer de la flute, car les bases sont les mêmes.

Langue (langue spécifique) (INT+ CHA)

Grâce à cette compétence, le personnage peut parler et comprendre une autre langue que la sienne. La compétence donne une vision globale des facilités linguistiques du personnage : 1-25 % quelques mots simples, 26-50 % des phrases simples, 51-75 % des conversations ordinaires, 76 % + capable de s'exprimer avec éloquence.

Mécanismes (DEX + INT)

Mécanismes (ou Mécanique dans un monde moderne ou futuriste) représente le savoir et le savoir-faire du personnage en matière d'assemblage et de désassemblage d'appareils mécaniques tels que les pièges. La compétence implique généralement la création d'engins fragiles composés de petites pièces, contrairement à Ingénierie, qui s'intéresse aux constructions massives. Elle est aussi distincte de Crochetage : les deux compétences ne sont pas interchangeables.

Navigation (INT + CON)

Cette compétence est utilisée de la même façon que Canotage (voir page page 8), mais s'applique aux grands navires à voiles ou à rames. Elle recouvre aussi l'entretien et la réparation d'un navire, le choix d'un bon lieu de mouillage, l'estimation des effets de la météo sur la navigation, etc.

Ordinateurs (INT x 2)

Ordinateurs représente la capacité de résoudre des problèmes ardus ou d'extraire des informations complexes en utilisant des systèmes informatiques, que ce soit par la programmation, le hacking, l'utilisation d'un logiciel particulier, le diagnostic et la réparation de problèmes logiciels et matériels. Une utilisation courante d'un ordinateur ne nécessite pas de jets de dés.

Orientation (INT + POU)

Un personnage doté de cette compétence peut utiliser des points de repère, les étoiles ou même le gout de l'eau de mer pour s'orienter dans ses déplacements. Chaque compétence d'Orientation est spécifique à une région ou à un environnement, comme Orientation (haute mer) ou Orientation (souterrains) par exemple. Le personnage effectue un test lors d'un voyage inhabituel ou s'il est dans un territoire totalement inconnu.

Passepasse (DEX + CHA)

Cacher de petits objets, accomplir des tours de passepasse, détrousser des passants... Tout cela fait partie de Passepasse. Évidemment, c'est une compétence essentielle pour les voleurs.

Pilotage (DEX + INT)

Cette compétence permet de contrôler un type spécifique de véhicule volant : planeur, engin à réaction, avion à hélices, etc.

Pistage (INT + CON)

Cette compétence sert à pister toute forme de proie ou de gibier. Elle repose sur le déchiffrage de signes de déplacement : empreintes, feuilles écrasées, pollen éparpillé, pierres déplacées, etc. Un jet de Pistage doit être effectué périodiquement, en particulier si les conditions changent brusquement (par exemple, une averse soudaine peut effacer certains signes). La fréquence des jets dépend de la ruse dont témoigne la proie.

Politique (INT + CHA)

Un personnage doté de cette compétence sait comment diriger et négocier au sein d'un gouvernement, aussi bien à l'échelle locale que nationale.

Recherche (INT + POU)

Cette compétence utilise des ressources variées (archive, bibliothèque, réseau informatique, etc.) pour obtenir l'information désirée.

Science (INT x 2)

Il existe une multitude de disciplines scientifiques et cette compétence, qui peut être acquise plusieurs fois, est toujours associée à une discipline précise : Science (biologie) ou Science (chimie) par exemple.

Séduction (INT + CHA)

Cette compétence diffère d'Influence, car elle vise spécifiquement à obtenir les faveurs sentimentales ou sexuelles de quelqu'un.

Elle utilise des signaux verbaux et non verbaux pour attiser l'intérêt de l'objet du désir. Une tentative de Séduction peut prendre des heures, des jours ou des semaines selon la moralité de la cible, qui peut résister à la tentative avec la compétence Volonté.

Sens de la Rue (POU + CHA)

Cette compétence représente la connaissance des endroits et des contacts sociaux au sein d'une communauté. Elle s'applique aussi bien à l'identification de quartiers dangereux qu'à la recherche de services locaux, légaux ou illégaux. La durée d'une tentative dépend de ce qui est recherché. Trouver une bonne auberge prendra moins de temps que de dénicher un receleur pour lui vendre des marchandises volées.

Survie (CON + POU)

Avec cette compétence, le personnage peut subsister dans un environnement qui ne bénéficie pas des avantages de la civilisation : allumer un feu, rechercher de la nourriture et un abri, etc. Si le personnage est bien équipé — tente, rations, etc. —, les jets sont généralement inutiles. Par contre, ils peuvent s'avérer nécessaires lorsque le personnage n'a plus accès à son équipement ou lorsque le climat se dégrade. Dans ces conditions, un jet est effectué chaque jour.

Télécommunication (INT x 2)

Cette compétence permet d'utiliser les équipements de communication pour détecter, masquer ou bloquer des télécommunications. Elle permet aussi de décoder des messages cryptés, pour peu que l'utilisateur ait accès à un programme de décodage, par exemple.

Choisir une culture

La culture détermine le type de société où a été élevé le personnage et influe sur sa vision du monde. Plus concrètement, la culture aide à améliorer la valeur des différentes compétences du personnage.

Il existe quatre cultures humaines de base : Barbare, Civilisée, Nomade et Primitive. Chaque culture fournit les compétences standards appropriées. De plus, le joueur peut choisir jusqu'à trois des compétences professionnelles proposées : cela permet de mieux différencier des personnages issus d'une même culture.

Répartissez les 100 points de compétence culturelle parmi parmi les compétences standards de la culture et les compétences professionnelles choisies. Chaque point dépensé augmente la compétence concernée de 1 %. Notez que le Maitre de Jeu pourra limiter le nombre de points pouvant être investis dans certaines compétences.

Barbare

Les barbares sont de nature tribale et tendent à fuir la civilisation. Ils voient les citadins comme des êtres faibles et corrompus. S'ils sont sédentaires, leurs campements sont généralement petits et proches de la nature. Les tribus barbares occupent des territoires distincts, souvent à moitié sauvages, qu'elles considèrent comme leur propriété pour tout ce qui a trait à la chasse, au pâturage et à l'agriculture. La plupart des barbares sont habitués à manier des armes, car de nombreux dangers émaillent leur vie : créatures sauvages agressives, attaques de tribus rivales... Comme ils vivent dans de petites communautés, les liens du sang et du clan sont des éléments clés de leur société.

Compétences standards : Athlétisme, Endurance, Force Brute, Perception, Premiers Soins, Savoir Régional; et Canotage ou Équitation. Le joueur peut aussi choisir un Style de Combat culturel.

Compétences professionnelles : Artisanat (au choix), Connaissance (au choix), Jouer d'un Instrument, Guérison, Navigation, Orientation, Pistage, Survie.

Civilisé

La culture civilisée possède un semblant d'ordre et de loi, des codes sociaux complexes ainsi qu'une bureaucratie. Elle se croit supérieure aux autres cultures parce que ses réalisations visent la permanence : cités tentaculaires, temples imposants, monuments commémoratifs, enregistrement des faits et du passé dans des livres et des parchemins, etc. Bien sûr, tout cela n'est qu'un vernis : ses cités peuvent être plus dangereuses que n'importe quel camp barbare et ses codes sociaux font parfois pâle figure par rapport aux rituels d'hospitalité des nomades. Mais la culture civilisée est fière de ses accomplissements, de son infrastructure, de ses artisans professionnels et de sa capacité à se développer comme elle l'entend.

Compétences standards : Conduite, Dissimulation, Influence, Perspicacité, Savoir Régional, Tromperie, Volonté. Le joueur peut aussi choisir un Style de Combat culturel.

Compétences professionnelles : Art (au choix), Artisanat, Commerce, Connaissance, Courtoisie, Jouer d'un Instrument, Langue (au choix), Sens de la Rue.

Nomade

Les nomades n'ont pas de foyer et sont constamment en mouvement. Ils peuvent errer sans but ou voyager entre différents camps. Plutôt que de cultiver la terre, ils suivent les migrations des animaux et des poissons, élevant parfois leurs propres animaux domestiques. Ils sont capables de subsister sur ce qu'ils peuvent facilement et rapidement obtenir de leur environnement, sans rien gaspiller. Les compétences d'une culture nomade devraient être adaptées à son environnement. Certains nomades parcourent de grandes distances à pied, d'autres vivent dans des caravanes ou chevauchent d'étranges créatures, d'autres encore sillonnent les océans sur de grands radeaux.

Compétences standards : Discrétion, Endurance, Perception, Premiers Soins, Savoir Régional ; et deux parmi les suivantes : Athlétisme, Canotage, Conduite, Équitation ou Natation selon le moyen de locomotion principal. Le joueur peut aussi choisir un Style de Combat culturel

Compétences professionnelles : Artisanat (au choix), Connaissance (au choix), Culture (au choix), Jouer d'un Instrument, Langue (au choix), Orientation, Pistage, Survie.

Primitif

De tous les peuples, les primitifs sont ceux qui sont les plus proches de la nature et en connaissent le mieux les secrets. Les autres cultures ne les considèrent guère mieux que des animaux, car ils rejettent la technologie qu'elles ont adoptée, préférant se reposer sur des lances et des flèches à pointe de silex ainsi que sur leur capacité à survivre dans la nature. Les primitifs vivent dans des groupes familiaux élargis et se rassemblent dans des demeures très simples : grottes et autres abris naturels ou huttes rudimentaires. Ils pratiquent avant tout la chasse et la cueillette et ne se préoccupent guère d'agriculture ou d'élevage. Leurs croyances culturelles peuvent parfois être très sophistiquées. Peu de cultures primitives ont créé un langage écrit, même si les peintures et autres symboles picturaux peuvent servir de moyens de communication.

Compétences standards : Discrétion, Endurance, Esquive, Force Brute, Perception, Savoir Régional ; et Athlétisme ou Canotage ou Natation. Le joueur peut aussi choisir un Style de Combat culturel.

Compétences professionnelles : Artisanat (au choix), Connaissance (au choix), Jouer d'un Instrument, Guérison, Orientation, Pistage, Survie.

Choisir une profession

Un personnage de Mythras commence le jeu en étant formé à une profession. L'occupation choisie n'est plus forcement la sienne au début de sa vie d'aventurier, mais c'est celle qu'il a adoptée durant son adolescence et qui délimite son panel de compétences.

Chaque profession présente un ensemble de compétences standards appropriées. De plus, le joueur peut choisir jusqu'à trois des compétences professionnelles proposées.

Répartissez les 100 points de compétence professionnelle parmi les compétences standards de la culture et les compétences professionnelles choisies. Chaque point dépensé augmente la compétence concernée de 1 %. Notez que le Maitre de Jeu pourra limiter le nombre de points à investir dans certaines compétences.

Points de compétence bonus

La dernière étape consiste à dépenser les points de compétence de la réserve libre. Ces points peuvent être attribués à n'importe quelle compétence standard ou bien aux compétences professionnelles liées à la culture et à la profession du personnage. Là encore, le Maitre de Jeu peut fixer une limite au nombre de points pouvant être investis dans une compétence.

PROFESSIONS

Administrateur
Ministre, superviseur, régisseur, collecteur de taxes...
Compétences standards : Coutumes, Influence, Perception, Perspicacité, Savoir Régional, Tromperie, Volonté.
Compétences professionnelles : Bureaucratie, Commerce, Courtoisie, Connaissance (au choix), Écriture/Lecture, Éloquence, Langue (au choix).

Agent
Agitateur, assassin, détective, espion, informateur...
Compétences standards : Discrétion, Dissimulation, Esquive, Perspicacité, Perception, Tromperie, Style de Combat (culturel ou spécifique à l'agent).
Compétences professionnelles : Culture (au choix), Déguisement, Langue (au choix), Passepasse, Pistage, Sens de la Rue, Survie.

Amuseur
Acrobate, barde, danseur, musicien, poète...
Compétences standards : Athlétisme, Chant, Danse, Force Brute, Influence, Perspicacité, Tromperie.
Compétences professionnelles : Acrobatie, Comédie, Éloquence, Jouer d'un Instrument, Passepasse, Séduction, Sens de la Rue.

Artisan
Artificier, fabricant...
Compétences standards : Conduite, Force Brute, Influence, Perception, Perspicacité, Savoir Régional, Volonté.
Compétences professionnelles : Art (au choix), Artisanat (principal), Artisanat (secondaire), Commerce, Ingénierie, Mécanismes, Sens de la Rue.

Chasseur
Forestier, braconnier, pilleur, rôdeur, trappeur...
Compétences standards : Athlétisme, Discrétion, Endurance, Équitation, Perception, Savoir Régional ; Style de Combat (culturel ou spécifique à la chasse).
Compétences professionnelles : Artisanat (lié à la chasse), Commerce, Connaissance (régionale ou espèce spécifique), Mécanismes, Orientation, Pistage, Survie.

Chasseur de primes
Tueur à gages, chasseur de scalps, exterminateur...
Compétences standards : Athlétisme, Discrétion, Endurance, Esquive, Perception, Perspicacité, Style de Combat (au choix).
Compétences professionnelles : Bureaucratie, Commerce, Culture (au choix), Langue (au choix), Pistage, Sens de la Rue, Survie.

Contrebandier
Passeur, trafiquant...
Compétences standards : Conduite, Coutumes, Dissimulation, Influence, Perspicacité, Savoir Régional, Tromperie.
Compétences professionnelles : Bureaucratie, Commerce, Coutumes (au choix), Langue (au choix), Orientation, Sens de la Rue ; et soit Astrogation soit Navigation.

Courtisan
Concubin(e), houri, mignon, escort-boy ou girl...
Compétences standards : Chant, Coutumes, Danse, Influence, Perception, Perspicacité, Tromperie.
Compétences professionnelles : Art (au choix), Courtoisie, Culture (au choix), Jeux de Hasard, Jouer d'un Instrument, Langue (au choix), Séduction.

Détective
Détective privé, enquêteur, policier,...
Compétences standards : Coutumes, Discrétion, Esquive, Influence, Perception, Perspicacité, Style de Combat (Bagarre or Arme de Poing).
Compétences professionnelles : Bureaucratie, Connaissance (au choix), Culture (au choix), Déguisement, Langue (au choix), Passepasse, Recherche, Sens de la Rue.

Domestique
Assistant personnel, chauffeur, femme de ménage, gouvernante, majordome, secrétaire...
Compétences standard : Conduite, Coutumes, Influence, Perception, Perspicacité, Savoir Régional, Tromperie.
Compétences professionnelles : Artisanat (en rapport avec le service), Bureaucratie, Courtoisie, Culture (au choix), Langue (au choix), Politique, Sens de la Rue.

Dresseur
Gardien de ménagerie, dompteur...
Compétences standard : Conduite, Endurance, Équitation, Influence, Premiers Soins, Savoir Régional, Volonté.
Compétences professionnelles : Artisanat (élevage), Commerce, Connaissance (espèce spécifique), Enseignement (espèce spécifique), Guérison (espèce spécifique), Pistage, Survie.

Éclaireur
Chasseur de primes, explorateur, garde forestier, pionnier, vagabond...
Compétences standard : Athlétisme, Discrétion, Endurance, Natation, Perception, Premiers Soins ; Style de Combat (culturel ou spécifique à la chasse).
Compétences professionnelles : Connaissance (au choix), Culture (au choix), Guérison, Langage (au choix), Orientation, Pistage, Survie.

Éleveur
Gardien de troupeaux, berger...
Compétences standard : Endurance, Équitation, Perception, Perspicacité, Premiers Soins, Savoir Régional, Style de Combat (culturel ou spécifique à l'élevage).
Compétences professionnelles : Artisanat (élevage), Commerce, Guérison (espèce spécifique), Jouer d'un Instrument, Orientation, Pistage, Survie.

Érudit
Bibliothécaire, chroniqueur, philosophe, scalde, scribe...
Compétences standard : Coutumes, Influence, Langue Natale, Perception, Perspicacité, Savoir Régional, Volonté.
Compétences professionnelles : Culture (au choix), Connaissance (principale), Connaissance (secondaire), Écriture/Lecture (au choix), Éloquence, Enseignement, Langue (au choix).

Fermier
Jardinier, maraicher, moissonneur...
Compétences standard : Athlétisme, Conduite, Endurance, Équitation, Force Brute, Perception, Savoir Régional.
Compétences professionnelles : Artisanat (au choix), Commerce, Connaissance (agriculture), Connaissance (élevage), Pistage, Orientation, Survie.

Guerrier
Champion, gladiateur, mercenaire, soldat...
Compétences standard : Athlétisme, Bagarre, Endurance, Esquive, Force Brute, Style de Combat (style militaire), Style de Combat (style culturel).
Compétences professionnelles : Artisanat (au choix), Connaissance (histoire militaire), Connaissance (stratégie et tactique), Éloquence, Ingénierie, Jeux de Hasard, Survie.

Joueur professionnel
Arnaqueur, biseauteur, parieur...
Compétences standard : Athlétisme, Endurance, Force Brute, Perception, Savoir Régional, Volonté ; et soit Conduite soit Équitation.
Compétences professionnelles : Bureaucratie, Comédie, Commerce, Courtoisie, Jeux de Hasard, Passepasse, Recherche, Sens de la Rue.

Journaliste
Reporter, pigiste...
Compétences standard : Coutumes, Influence, Langue Natale, Perception, Perspicacité, Savoir Régional, Tromperie.
Compétences professionnelles : Bureaucratie, Connaissance (au choix), Culture (au choix), Éloquence, Langue (au choix), Politique, Sens de la Rue.

Marchand
Commerçant, négociant, prêteur, receleur, vendeur...
Compétences standard : Canotage, Conduite, Équitation, Influence, Perspicacité, Savoir Régional, Tromperie.
Compétences professionnelles : Commerce, Courtoisie, Culture (au choix), Langue (au choix), Navigation, Orientation, Sens de la Rue.

Marin
Capitaine, galérien, matelot, pirate...
Compétences standard : Athlétisme, Canotage, Endurance, Force Brute, Natation, Savoir Régional ; Style de Combat (culturel ou spécifique à l'abordage).
Compétences professionnelles : Artisanat (spécialité maritime), Connaissance (au choix), Culture (au choix), Langue (au choix), Navigation, Orientation, Survie.

Mécanicien
Garagiste, ingénieur...
Compétences standard : Conduite, Culture, Endurance, Force Brute, Influence, Savoir Régional, Volonté.
Compétences professionnelles : Artisanat (primaire), Artisanat (secondaire), Commerce, Électronique, Jeux de Hasard, Mécanismes, Sens de la Rue.

Médecin
Disséqueur, docteur, guérisseur, tourmenteur...
Compétences standard : Chant, Danse, Influence, Perspicacité, Premiers Soins, Savoir Régional, Volonté.
Compétences professionnelles : Artisanat (spécialité médicale), Commerce, Connaissance (au choix), Écriture/Lecture (au choix), Guérison, Langue (au choix), Sens de la Rue.

Mineur
Prospecteur, sapeur, puisatier...
Compétences standard : Athlétisme, Force Brute, Chant, Endurance, Perception, Savoir Régional, Volonté.
Compétences professionnelles : Artisanat (mine), Commerce, Connaissance (minéraux), Ingénierie, Mécanismes, Orientation (souterrains), Survie.

Pilote
Aéronaute, astronaute, pilote d'essai...
Compétences standard : Conduite, Endurance, Esquive, Force Brute, Perception, Savoir Régional, Volonté.
Compétences professionnelles : Coutumes (au choix), Détecteurs, Électronique, Mécanismes, Orientation, Pilotage, Sens de la Rue.

Politicien
Chambellan, mandarin, ministre, superviseur...
Compétences standard : Coutumes, Influence, Langue Natale, Perception, Perspicacité, Savoir Régional, Tromperie.
Compétences professionnelles : Bureaucratie, Connaissance (au choix), Courtoisie, Culture (au choix), Éloquence, Langue (au choix), Politique.

Pêcheur
Baleinier, chercheur de perles, tendeur de filets...
Compétences standard : Athlétisme, Canotage, Discrétion, Endurance, Natation, Perception, Savoir Régional.
Compétences professionnelles : Artisanat (au choix), Commerce, Connaissance (prise principale), Connaissance (prise secondaire), Navigation, Orientation, Survie.

Prêtre
Arbitre, druide, prophète, sectateur...
Compétences standard : Coutumes, Danse, Influence, Perspicacité, Savoir Régional, Tromperie, Volonté.
Compétences professionnelles : Bureaucratie, Connaissance (au choix), Courtoisie, Coutumes, Écriture/Lecture (au choix), Éloquence, Politique.

Scientifique
Archiviste, bibliothécaire, philosophe...
Compétences standard : Coutumes, Influence, Langue Natale, Perception, Perspicacité, Savoir Régional, Volonté.
Compétences professionnelles : Culture (au choix), Ingénierie, Langue (au choix), Éloquence, Recherche, Science (au choix), Enseignement.

Technicien
Assistant de laboratoire, électricien...
Compétences standard : Conduite, Endurance, Force Brute, Influence, Perception, Savoir Régional, Volonté.
Compétences professionnelles : Artisanat (au choix), Électronique, Détecteurs, Jeux de Hasard, Mécanismes, Science (au choix), Télécommunication.

Voleur
Cambrioleur, escroc, receleur, pilleur de tombes...
Compétences standard : Athlétisme, Discrétion, Esquive, Perception, Perspicacité, Tromperie ; Style de Combat (culturel ou spécifique au voleur).
Compétences professionnelles : Comédie, Commerce, Crochetage, Déguisement, Mécanismes, Passepasse, Sens de la Rue.

Choisir des passions

Les passions permettent au Maitre de Jeu d'utiliser des accroches scénaristiques basées sur les désirs et les rancœurs des personnages et aident le joueur à comprendre la nature de son personnage.

Une passion peut être liée à n'importe quoi : une personne, une organisation, un idéal et même un objet. Les passions sont souvent décrites avec des verbes ou des noms comme : aimer, chercher, consoler, craindre, désirer, détester, détruire, fuir, loyauté, mépriser, protéger, répudier, respecter, soutenir, subvertir, tourmenter...

Les passions sont mesurées comme des compétences : leur valeur de base dépend de deux caractéristiques et elles sont notées de 1 à 100 (ou plus). Une passion peut être améliorée de la même façon qu'une compétence et le Maitre de Jeu peut baisser ou augmenter sa valeur selon les circonstances.

Les personnages débutants peuvent commencer avec trois passions maximum. Chacune est basée sur deux caractéristiques ; la première bénéficie d'un bonus de + 40, la deuxième de + 30 et la troisième de + 20 ; le joueur est libre de choisir l'ordre d'importance. Par exemple, dans une campagne de type Épée & Sorcellerie, le joueur peut prendre Détester (stygiens), Se Méfier (sorcier) et Désirer (alcool) pour son personnage, alors que dans une campagne de science-fiction dystopique, il peut choisir Loyauté (président), Détruire (extraterrestres), Maintenir (la loi).

Types de passions

Objet de la passion	Pourcentage de départ
Une personne ou une famille	POU + CHA
Un groupe ou une organisation	POU + INT
Une race ou une espèce	POU x 2
Un endroit	POU + INT
Un objet ou une substance	POU x 2
Un concept ou un idéal	POU + INT

Utiliser les passions

Les passions représentent un engagement fort qui peut influencer le cours d'une partie. Bien qu'elles soient perçues comme des capacités ponctuelles (les appeler compétences serait réducteur), elles peuvent être employées ainsi :

- Pour augmenter une autre compétence, la profondeur du sentiment du personnage décuplant sa motivation à agir. Utilisée de cette manière, la passion ajoute un cinquième de sa valeur à la compétence utilisée, tant que cette augmentation joue un rôle dramatique ou thématique important.
- Comme une capacité spécifique qui influe le comportement d'un personnage. Un jet normal est effectué contre la passion pour déterminer la profondeur du sentiment du personnage envers quelqu'un ou quelque chose. Si le jet est une réussite, le personnage agit en accord avec ce que lui dicterait sa passion. Si le jet échoue, le personnage agit librement sans être entravé par sa passion.
- Pour s'opposer à d'autres passions, même celles possédées par le même personnage. Cela sert généralement lorsque deux passions entrent en conflit. Par exemple, un être aimé pourrait dicter une action qui violerait un serment. Un jet opposant les deux passions (voir la page 16 pour le fonctionnement des jets d'opposition) déterminera la passion qui influencera la conduite du personnage.
- Comme indicateur global de la profondeur du dévouement pour une cause. Plus la valeur de la passion est élevée, plus le personnage est dévoué. Les personnages avec des passions similaires peuvent les comparer afin de déterminer celui qui est le plus « passionné ».
- Pour résister à certaines formes de manipulation psychologique ou magique. Si le personnage est forcé à agir en contradiction avec une de ses passions, il peut opposer au jet de l'adversaire cette passion au lieu de sa Volonté.

Évolution des passions

Indépendamment des jets d'expérience, les passions peuvent augmenter ou s'affaiblir en fonction d'évènements survenant en cours de jeu.

Bien des choses peuvent mettre à mal une passion ou même l'inverser. Par exemple, si un personnage avec « Fait Confiance (chef) » remarque la traitrise de son chef, cela pourrait réduire sa passion ou la transformer en « Se Méfier (chef) » avec la même valeur. Au Maitre de Jeu de déterminer si la passion est affaiblie ou inversée. Une éventuelle réduction dépend de l'importance de la source du changement.

Le tableau d'Évolution des passions montre l'ampleur du changement d'une passion.

Évolution des passions

Changement	± à la valeur
Faible	1d10
Modéré	1d10 + 5
Fort	1d10 + 10

Équipement

Le personnage peut avoir besoin d'armes, d'armure ou d'équipement spécifique à sa profession. Voici son équipement de départ :

- Des vêtements appropriés au cadre de jeu et à la profession du personnage ;
- Un peu d'argent de poche, de quoi tenir quelque temps sans sombrer dans la misère ;
- Un pendentif ou autre bibelot de faible valeur ;
- Le cas échéant, les outils ou l'équipement transportable liés à la profession du personnage ;
- Une arme personnelle adaptée au style de combat du personnage ;
- Avec l'approbation du Maitre de Jeu, d'autres objets appropriés au cadre de jeu.

Compétences

Une partie du plaisir et du suspens de Mythras provient des jets de dés. Il peut être tentant de demander des jets de compétence pour chaque défi, mais ils ne sont pas nécessaires tout le temps. Les jets de compétence ne devraient être utilisés que lorsqu'ils revêtent un enjeu dramatique. En général, il est facile de savoir si une situation exige ou non des jets de dés. Dans le doute, interrogez-vous sur les conséquences d'un échec : seraient-elles cruciales pour l'intrigue ? Est-ce que les risques d'échec augmenteraient la tension et rendraient la situation plus palpitante ? Est-ce qu'un échec ou un succès retentissant rendrait le jeu plus amusant ? Si vous répondez oui à l'une de ces questions, alors demandez un jet de compétence.

Comment savoir si j'ai réussi ?

La question la plus importante dans un jeu de rôle est : « ai-je réussi ou échoué ? » La suivante est : « à quel point ai-je réussi ou échoué ? » Pour évaluer ces probabilités, Mythras propose un système simple à base de jets de dés qui déterminent si une action est un succès ou un échec. Certaines compétences fondamentalement dangereuses et dramatiques (en particulier les compétences de combat) exigent systématiquement un jet de dés.

Lorsqu'un personnage est amené à effectuer un test, 1d100 est lancé et le résultat est comparé à la valeur de la compétence :

- Un résultat égal ou inférieur indique une réussite. Si le résultat est égal ou inférieur à un dixième de la valeur de la compétence (arrondi au supérieur), c'est une **réussite critique**.
- Un résultat supérieur signale un échec. Si le résultat est 99 ou 00 (ou seulement 00 si la valeur de la compétence est supérieure à 100 %), c'est une **maladresse**.

Les réussites critiques et les maladresses désignent des succès et des échecs spectaculaires ; dans ces moments, le personnage réussit de manière brillante ou échoue lamentablement.

Il existe des cas particuliers de succès et d'échecs :

- Un résultat de 01-05 est toujours une réussite ;
- Un résultat de 96-00 est toujours un échec, quelle que soit la valeur de la compétence.

Modifier les valeurs des compétences

Parfois, les chances de succès d'un jet de compétence doivent être ajustées pour refléter des conditions particulières. Par exemple, fuir des bandits implique peut-être un jet d'Athlétisme. De nombreux éléments comme les conditions climatiques, l'équipement ou la panique peuvent affecter la difficulté d'un jet de compétence. Pour déterminer comment une compétence est modifiée, Mythras utilise des niveaux de difficulté. Vous les trouverez ci-après :

Niveau de difficulté	Modificateur de compétence
Automatique	Pas besoin de lancer les dés
Très Facile	Doubler la valeur de la compétence
Facile	Augmenter de moitié la valeur de la compétence
Standard	Aucun ajustement
Difficile	Réduire la valeur de la compétence d'un tiers
Redoutable	Réduire la valeur de la compétence de moitié
Herculéen	Réduire la valeur de la compétence à un cinquième
Sans Espoir	Aucune tentative n'est possible

Quand un personnage subit déjà une pénalité due à une autre circonstance, le niveau de difficulté le plus élevé a la priorité. Le Maître de Jeu devra décider du type de modification requis selon la compétence ou le contexte, en tenant compte des capacités des personnages, ainsi que de son évaluation de la difficulté de la situation et des enjeux dramatiques.

Lorsqu'un niveau de difficulté s'applique à une compétence, les chances d'obtenir un succès critique ou une maladresse sont aussi affectées. Ainsi un personnage possédant Voler (avion à réaction) à 65 % voit son seuil de réussite critique passer de 7 % à 5 % lorsque son jet de compétence s'effectue au niveau de difficulté Difficile.

Niveaux de difficulté simplifiés

Si l'échelle des niveaux de difficulté est conçue pour s'adapter aux compétences du personnage, le Maître de Jeu peut considérer que cela ralentit le jeu. Comme alternative, une option plus simple est fournie :

Niveaux de difficulté simplifiés

Niveau de difficulté	Modificateur de compétence
Très Facile	+ 40 %
Facile	+ 20 %
Standard	Aucun
Difficile	− 20 %
Redoutable	− 40 %
Herculéen	− 80 %

Exemples de jets d'opposition

Activités	Exemples d'opposition de compétences
Négociation/marchandage	Commerce vs Commerce, Influence vs Commerce
Course/poursuite	Athlétisme vs Athlétisme, Athlétisme vs Endurance, Équitation vs Équitation
Tromperie	Tromperie vs Perspicacité, Passepasse vs Perception
Se mettre hors de danger	Esquive vs Athlétisme, Esquive vs Mécanismes, Esquive vs Équitation
Se cacher ou se déplacer discrètement	Discrétion vs Perception, Discrétion vs Pistage
Asseoir son autorité	Influence vs Volonté, Tromperie vs Volonté
Tenir jusqu'au bout	Endurance vs Endurance, Endurance vs Force Brute
Influencer une foule	Éloquence vs Volonté
Test de Force	Force Brute vs Force Brute, Force Brute vs Endurance
Test de Volonté	Volonté vs Volonté, Séduction vs Volonté

Retenter un test de compétence

Dans certaines situations, un personnage échouera à un jet de compétence, mais aura la possibilité de recommencer. Par exemple, cela peut arriver s'il tente de crocheter une serrure ou d'escalader un mur. Au lieu d'interdire de nouvelles tentatives, le Maître de Jeu pourra lui accorder une dernière chance. Cependant, la nervosité ou le manque de confiance du personnage augmentera de un le niveau de difficulté du jet.

Si cet effort se solde aussi par un échec, le personnage est considéré comme ayant fait tout son possible : aucune autre tentative n'est autorisée dans un futur proche.

Jets d'opposition

Fréquemment, les personnages se retrouveront en situation de confronter leurs compétences les unes aux autres. Par exemple, la tentative d'un voleur pour couper la bourse d'un noble opposera la Discrétion de l'un à la Perception de l'autre. Et si le voleur se fait mordre par le serpent qui se trouve dans la bourse, son Endurance sera opposée à la virulence du poison de l'animal. Toutes ces occasions sont gérées par des jets d'opposition qui déterminent un vainqueur et un perdant.

Un jet d'opposition est déterminé ainsi : les deux participants effectuent leurs jets de compétence respectifs. Le gagnant est celui qui obtient le meilleur niveau de réussite. Si les participants obtiennent le même niveau de réussite (par exemple, une réussite critique), alors le gagnant est celui qui a obtenu le résultat le plus élevé au sein de ce niveau de réussite.

Si les deux participants échouent lors du jet d'opposition, le Maître de Jeu peut choisir :

- de décrire la situation, en laissant le suspens entier, puis de relancer les dés pour établir un vainqueur ;
- d'imaginer une explication ou des circonstances adaptées à la nature de l'échec mutuel.

Jets différentiels

Les jets différentiels sont similaires aux jets d'opposition, mais leurs résultats sont plus nuancés et tiennent compte de la différence de niveaux de réussite. S'ils servent principalement lors des combats (voir page 22), le Maître de Jeu peut également les utiliser lorsqu'il veut augmenter le degré de détail d'une opposition.

Un jet différentiel est déterminé de la manière suivante : les deux participants testent leurs compétences respectives et appliquent le résultat de leur jet comme si ce dernier avait été effectué isolément. Bien qu'il n'y ait pas de « vainqueur » en soi, celui qui obtient le meilleur *niveau de réussite* gagne un avantage égal à la différence de niveau de réussite entre lui et son adversaire (pour peu qu'un des deux ait obtenu au moins une réussite standard). Si les deux participants obtiennent le même niveau de réussite (une réussite critique ou une réussite standard), alors il n'y a pas d'effet supplémentaire.

Compétences opposées supérieures à 100 %

Si le participant le plus compétent dans un jet différentiel ou d'opposition possède une compétence dépassant 100 %, on soustrait 100 à sa valeur de compétence pour déterminer le malus à la compétence que subiront tous ceux qui sont impliqués dans le jet, lui inclus. L'avantage du personnage est ainsi maintenu, tout en réduisant la compétence des adversaires. Le participant le plus compétent doit être déterminé après l'application de tout modificateur situationnel.

Résultats des jets différentiels

Résultat du jet	Critique de l'antagoniste	Réussite de l'antagoniste	Échec de l'antagoniste	Maladresse de l'antagoniste
Critique du protagoniste	Aucun bénéfice	1 nv de réussite pour protagoniste	2 nvx de réussite pour protagoniste	3 nvx de réussite pour protagoniste
Réussite du protagoniste	1 nv de réussite pour antagoniste	Aucun bénéfice	1 nv de réussite pour protagoniste	2 nvx de réussite pour protagoniste
Échec du protagoniste	2 nvx de réussite pour antagoniste	1 nv de réussite pour antagoniste	Aucun bénéfice	Aucun bénéfice
Maladresse du protagoniste	3 nvx de réussite pour antagoniste	2 nvx de réussite pour antagoniste	Aucun bénéfice	Aucun bénéfice

Points de chance

Les points de chance représentent la capacité d'un personnage à transformer l'échec en succès, voire à défier la mort. Ils sont utilisés lors d'une session de jeu et reviennent à leur valeur initiale au début de la session suivante. Un seul point peut être dépensé pour une action donnée. Chacune des actions suivantes coute un unique point de chance.

Tromper le sort

Le personnage a le droit de dépenser un point de chance pour relancer tout jet de dés qui le concerne ou échanger les nombres sur les dés déjà lancés. Cela peut concerner un jet de compétence, un jet de dégâts ou tout autre jet susceptible de l'affecter.

Effort désespéré

Si un personnage a épuisé ses points d'action durant un combat alors qu'il a besoin d'un dernier sursaut d'énergie pour se tirer d'un mauvais pas, il peut dépenser un point de chance pour gagner un point d'action.

Atténuer les dégâts

Un personnage souffrant d'une Blessure Grave peut dépenser un point de chance pour la transformer en Blessure Sérieuse. Cela réduit les dégâts subis à un point de vie de moins que le nombre nécessaire pour infliger une Blessure Grave.

Gestion du temps de jeu

Le temps est un facteur important dans Mythras, en particulier pour déterminer ce qui se produit et dans quel ordre, et en déduire quand appliquer les mécanismes de jeu. Rappelez-vous que le temps virtuel, celui des personnages, ne passe généralement pas au même rythme que le temps des joueurs. Parfois, le Maître de Jeu résumera les évènements de plusieurs journées en une seule phrase : « Au bout d'une semaine, vous arrivez à Constantinople. » À d'autres moments, notamment pendant les combats, quelques secondes d'action des personnages prendront plusieurs minutes de jeu. Les différentes échelles de temps possibles sont détaillées ci-après.

Rounds de combat

Un round de combat représente cinq secondes de temps réel. Il sert à mesurer des activités courtes et frénétiques qui sont accomplies en quelques secondes. Il peut aussi être utile pour mesurer des activités très détaillées qui nécessitent une résolution au coup par coup. Par exemple, une course-poursuite entre un chasseur et sa proie peut être mesurée en rounds de combat afin de simuler tous les rebondissements très rapides de ce genre d'activité.

Phase de compétence

La phase de compétence représente une durée allant de quelques minutes à quelques heures. Elle sert à mesurer des activités qui ne requièrent pas la minutie d'un round de combat, mais qui ont un but spécifique et demandent un effort de concentration. Par exemple, une phase de compétence peut être utilisée pour un crochetage de serrure qui dure cinq minutes. Elle peut aussi couvrir une séance d'observation des patrouilles de gardes du château qui se prolonge pendant plusieurs heures.

Temps narratif

Durant le temps narratif, le Maître de Jeu raconte l'histoire aux joueurs ou bien les joueurs discutent entre eux ou avec le Maitre de Jeu. En général, l'essentiel d'une séance de jeu se déroule en temps narratif. Lorsqu'un joueur interprète son rôle, le temps narratif équivaut au temps réel ; c'est par exemple le cas d'une conversation entre deux personnages. Si la session de jeu contient un long voyage ou une activité dont la durée exacte n'a pas d'importance, alors le temps de jeu peut être grandement réduit.

Blessures et guérison

Dans Mythras, les personnage subissent tôt au tard des dégâts. Il existe trois catégories possibles de blessures : la Blessure Légère, la Blessure Sérieuse et la Blessure Grave.

Blessure Légère

Les Blessures Légères ne sont que de simples bleus, coupures et égratignures. Elles font mal, elles saignent, mais elles ne sont pas assez significatives pour ralentir ou gêner la victime.

Blessure Sérieuse

Si une localisation est réduite à zéro point de vie ou moins, la victime reçoit une Blessure Sérieuse. La zone est marquée de façon permanente et, à cause de la douleur et du choc, la victime est incapable d'attaquer (mais peut encore parer ou esquiver) pour les 1d3 prochains tours.

Un personnage souffrant d'une Blessure Sérieuse doit immédiatement faire un jet d'opposition d'Endurance contre le jet d'attaque adverse. En cas d'échec, le membre touché devient inutilisable. Si l'abdomen, la poitrine ou la tête est touché, le personnage sombre dans l'inconscience. Ces conséquences demeurent jusqu'à ce que la localisation soit traitée à l'aide de Premiers Soins.

Au choix du Maitre de Jeu, toutes les tâches qui utilisent cette partie du corps subissent une pénalité d'un niveau de difficulté tant que la blessure n'est pas réduite à une Blessure Légère, et ce même si le personnage est encore opérationnel.

Blessure Grave

Si une localisation est réduite à un score négatif égal ou supérieur à ses points de vie de départ, le personnage reçoit une Blessure Grave. Le personnage est immédiatement hors de combat.

Comme pour une Blessure Sérieuse, un personnage qui subit une Blessure Grave doit immédiatement faire un jet d'opposition d'Endurance contre le jet d'attaque adverse. En cas d'échec, le membre touché est sectionné ou broyé. Si l'abdomen, la poitrine ou la tête est touché, le personnage meurt sur-le-champ. Si le personnage survit, mais que la localisation n'est pas traitée dans un nombre de minutes égal à deux fois sa vitesse de guérison, il meurt des suites de l'hémorragie et du choc.

Une localisation touchée par une Blessure Grave requiert une forme ou une autre de chirurgie (compétence Guérison), sinon elle devient mutilée.

Guérison de blessure

La guérison naturelle des blessures est basée sur la vitesse de guérison du personnage. La vitesse de guérison dicte combien de points de vie sont récupérés dans une localisation selon la nature de la blessure :

- ❰❰ Blessures Légères : jours ;
- ❰❰ Blessures Sérieuses : semaines ;
- ❰❰ Blessures Graves : mois.

Ainsi, un personnage possédant une vitesse de guérison de 3 verra une Blessure Sérieuse guérir naturellement au rythme de 3 points de vie par semaine jusqu'à devenir une Blessure Légère, puis au rythme de 3 points de vie par jour jusqu'à guérison complète. Un personnage convalescent ne peut se livrer à des activités éprouvantes, sinon sa vitesse de guérison est réduite de 1d3. De ce fait, même un personnage avec une Blessure Légère peut voir sa récupération compromise s'il se livre à des activités physiques pouvant réveiller ses blessures.

Blessures permanentes

Certaines Blessures Graves infligent des mutilations : membres

Actions de premiers soins

Blessure	Traitement réussi
Asphyxie	La victime respire à nouveau.
Hémorragie	Le saignement est arrêté.
Empalement	L'objet empalant est retiré sans causer de dégâts supplémentaires à la victime.
Inconscience	Si l'inconscience n'est pas due à des poisons ou des narcotiques, le personnage reprend conscience.
Blessure Légère	Le traitement soigne 1d3 points de vie à la localisation blessée.
Blessure Sérieuse	La localisation blessée fonctionne partiellement et peut donc guérir naturellement.
Blessure Grave	Le traitement ne restaure pas les points de vie ou le fonctionnement de la localisation blessée. En revanche, il stabilise la localisation et évite une mort immédiate à cause des dégâts subis. Des talents de guérison plus importants sont nécessaires pour soigner une Blessure Grave.

broyés ou sectionnés, effets nécrotiques d'un venin... Ce type de dégâts réduit définitivement le total de points de vie. Une localisation ainsi mutilée utilise le total diminué de points de vie pour calculer les nouveaux seuils de Blessure Sérieuse et Grave.

Pour les blessures permanentes dues au combat ou à un accident, lancez un dé correspondant au nombre de points de vie originel de la localisation et réduisez définitivement le total de points de vie par le résultat du dé.

Développement du personnage

Tous les personnages peuvent perfectionner leurs compétences avec le temps. Les jets d'expérience sont utilisés pour la plupart des améliorations de personnage. Le Maitre de Jeu accorde des jets d'expérience à des moments appropriés de la campagne : par exemple, à la fin d'un scénario ou après deux ou trois sessions de jeu si l'histoire est longue. Il décide de la fréquence des jets d'expérience. Des jets fréquents accéléreront le développement des personnages.

Le nombre de jets d'expérience donné lors d'une séance devrait être situé entre 3 et 5, mais peut varier selon le temps passé depuis les derniers jets, les actes des personnages et la prestation des joueurs.

Il est recommandé d'accorder un même nombre de jets à tous les personnages afin d'éviter trop de disparité dans leur progression.

La seule exception à ce conseil concerne le jet qu'un personnage peut obtenir en plus ou en moins selon son modificateur d'expérience (page 6) dans les situations où le personnage peut pâtir ou faire bon usage de son influence.

Toute compétence standard ou professionnelle qui est recensée sur la feuille de personnage peut être augmentée en dépensant un jet d'expérience. Voici la procédure :

- ❰❰ Le joueur lance 1d100 et compare le résultat à la valeur de la compétence qu'il désire augmenter. L'INT du personnage est ajoutée au jet.
- ❰❰ Si le résultat du jet est égal ou supérieur à la compétence à améliorer, cette dernière augmente de 1d4 + 1 %.
- ❰❰ Si le résultat du jet est inférieur, cette dernière augmente seulement de 1 %.
- ❰❰ Si un personnage obtient une maladresse à n'importe quel jet de compétence en cours de partie, la compétence ayant causé la maladresse augmente gratuitement de 1 %.

Combat

Attaque de brigands, bagarre de bar, duel à l'amiable, vendetta entre deux familles... Le combat existe sous de nombreuses formes et ne se résume pas à une lutte à mort.

Mythras utilise des termes et des concepts spécifiques pour expliquer les éléments fondamentaux du combat. Ceux-ci seront détaillés au fil du chapitre, mais en voici une vue d'ensemble :

Style de combat
La compétence servant à manier un groupe d'armes, apprise dans le cadre d'une culture ou d'une profession.

Actions de combat
Les actions qu'un personnage peut effectuer au cours d'un round en dépensant un point d'action.

Tailles des armes
La difficulté à parer ou bloquer une arme particulière.

Engagement
Distance à laquelle au moins un des combattants peut frapper ou être frappé par son adversaire direct lors d'un combat rapproché. Un combattant est *engagé* lorsqu'il peut être atteint par un adversaire en combat rapproché et *désengagé* si ce n'est pas le cas.

Effets spéciaux
Les actions spéciales qu'un combattant peut effectuer s'il prend le dessus.

Styles de combat

Les compétences couvrant l'affrontement et le combat sont appelées des Styles de Combat. Chaque style est un ensemble d'armes lié à une culture, à une profession ou même à une école de combat, ce qui évite la nécessité d'apprendre chaque arme séparément. L'aspect le plus important des Styles de Combat est que le personnage apprend à utiliser toutes les armes de son style, individuellement et en combinaison, afin qu'elles puissent être utilisées indifféremment selon les besoins.

Ainsi, un barbare hyperboréen est capable d'utiliser une lance, une hache, un javelot et un bouclier, tandis qu'un guerrier sumérien sera plutôt formé à l'épée courte, à la masse, au bouclier et à l'arc. Le nombre d'armes incluses dans un style spécifique est laissé au choix du Maitre de Jeu et peut varier en fonction du cadre de campagne utilisé.

Un personnage qui tente d'utiliser une arme n'appartenant pas à son Style de Combat devra effectuer ses jets de Style de Combat à un niveau de difficulté supérieur.

Bénéfices des styles de combat

Les styles de combat ne représentent pas seulement un entrainement dans plusieurs armes. Étant donné que chaque style est enseigné par une culture ou une profession particulière, ils sont intrinsèquement optimisés pour l'environnement ou la tactique militaire de ce groupe. Par exemple, un cavalier nomade apprendra à se battre à cheval, alors qu'un fantassin s'entrainera à combattre en formation serrée. Par conséquent, un Style de Combat peut obtenir en bonus un ou plusieurs traits qui lui confèrent un avantage dans certaines circonstances. Un trait est uniquement destiné à être utilisé avec les armes et les situations du style concerné. La diversité de ces traits est virtuellement illimitée, mais la plupart d'entre eux dépendent du cadre de campagne ou de la période dans laquelle le jeu se déroule.

Déroulement d'un combat

Le combat est géré au coup par coup. Afin d'en faciliter la gestion, il est divisé en rounds de cinq secondes. À chaque round, les combattants peuvent effectuer des attaques, se défendre, manœuvrer de façon à engager ou à fuir un combat, utiliser une arme à distance, etc.

Les rounds de combat utilisent deux termes importants :

- Initiative : L'ordre dans lequel chaque protagoniste du combat prend son *tour* au cours d'un round de combat
- Tour : À son tour, chaque participant exécute une unique action *proactive* de combat, qui comprend une déclaration et les jets de dés nécessaires (y compris les réactions) à la résolution de l'action.

Exemples de traits de style de Combat

Trait	Description
Casse-Cou	L'utilisation de la compétence Esquive pour esquiver des coups en combat de mêlée ne conduit pas le personnage à se retrouver à terre.
Combat à l'Aveugle	Permet à l'utilisateur d'ignorer toute pénalité due à un mauvais éclairage ou à un aveuglement temporaire.
Combat Monté	Les compétences de combat d'un personnage monté ne sont plus limitées par sa compétence Équitation.
Défenseur	Augmente d'une catégorie la taille d'une arme utilisée pour parer, à condition qu'aucune action offensive ne soit entreprise pendant le round.
Formation de Combat	Permet à un groupe de trois guerriers ou plus d'entrer en formation serrée, ce qui place les adversaires plus écartés ou désordonnés dans une situation désavantageuse : chaque ennemi qui engage le combat contre le groupe perd un point d'action pour la durée du combat.
Frappe Assommante	Lors d'une attaque par surprise, les conséquences de l'effet spécial Étourdir se comptent en minutes et non en tours.
Lanceur d'Armes	Toute arme de mêlée faisant partie de ce style peut également être lancée sans pénalité. Cependant, lorsqu'elle est utilisée de cette manière, ses dégâts sont réduits de moitié.
Lancier Monté	Réaliser une charge montée avec ce style de combat n'augmente pas le niveau de difficulté de l'attaque.
Tirailleur	Le style permet de lancer des attaques à distance tout en marchant ou en courant.
Tireur d'Élite	Le tireur peut remplacer la localisation déterminée aléatoirement par une localisation adjacente.
Prouesses à Mains Nues	Permet à l'utilisateur de considérer ses parades sans arme comme étant de taille Moyenne, ce qui facilite sa défense contre des adversaires armés.

Initiative

L'initiative établit l'ordre des actions des participants au cours des rounds de combat. Elle est déterminée pour chaque participant au début du combat en jetant 1d10 et en ajoutant son bonus d'initiative. Celui dont le total est le plus élevé agit en premier, suivi par le deuxième et ainsi de suite. Les participants avec le même total agissent simultanément. À moins que quelque chose ne change la situation, l'initiative reste la même jusqu'à ce qu'elle doive être recalculée.

L'encombrement des armures entrave ceux qui en portent. Chaque type d'armure est associé à une pénalité qui s'applique à l'initiative de celui qui porte l'armure.

Agir pendant un combat

Une fois que l'initiative a été déterminée, les participants ont la possibilité d'effectuer plusieurs actions de combat à chaque round de combat. Tous les personnages disposent de 2 points d'action par round, mais l'instant où ils peuvent les utiliser dépend de la nature de l'action : action proactive ou réaction.

Une *action proactive* ne peut être réalisée que lors du tour du personnage, c'est-à-dire lorsqu'il a l'initiative. C'est un acte dont le personnage est l'instigateur, comme attaquer avec une arme.

Une *réaction* sert à contrer ou à résister à un acte effectué contre le personnage : parer une attaque par exemple. Une seule tentative de réaction est autorisée pour chaque menace.

Les points d'action inutilisés ne se reportent pas d'un round à l'autre.

Actions de combat

Ce sont les actions qui peuvent être effectuées au cours d'une bataille. Sortir une arme, lancer un sort, plonger à couvert sont des exemples d'actions de combat. La plupart concernent le combat lui-même, mais certaines ne sont pas liées au maniement des armes ou des sorts.

Comme mentionné précédemment, le nombre d'actions par round de combat est limité par les points d'action disponibles. Ceux-ci sont dépensés au cours de chaque round pour effectuer des actions de combat. Une fois tous les points d'action dépensés, le combattant ne peut plus agir pour le reste du round et devra attendre que ses points soient réinitialisés au début du round suivant.

Sauf indication contraire, toute action de combat (sauf les actions « libres ») coute un point d'action. Les combattants doivent donc choisir judicieusement comment et quand utiliser ces points. Ils peuvent s'adapter à l'évolution du combat en agissant de manière aussi agressive ou prudente qu'ils le souhaitent.

Actions proactives

Les activités qu'un personnage pourra tenter pendant son tour en dépensant un point d'action sont les suivantes. Notez que certaines activités, comme l'incantation de sorts ou le rechargement d'armes, peuvent nécessiter plusieurs tours, chaque tour coutant un point d'action.

Attaquer : Le personnage attaque avec une arme de mêlée ou une arme à distance.

Hésiter : C'est l'action par défaut si aucune autre n'est choisie. Le personnage perd simplement son tour à ne rien faire.

Lutter : Si le personnage est victime de certains types d'attaques ou d'effets spéciaux, il peut tenter de se sortir de cette situation. Par exemple s'affranchir d'une prise ou libérer une arme coincée.

Manœuvrer : Le personnage peut lancer un jet d'opposition de groupe basé sur la compétence Esquive contre plusieurs opposants. Les adversaires qui ne parviennent pas à battre son jet ne pourront pas l'attaquer pendant ce round de combat. Voir la section Manœuvrer à la page 25.

Monter : Le personnage peuvent monter ou descendre d'une monture ou d'un véhicule. Les montures particulièrement grandes peuvent nécessiter plusieurs tours.

Préparer une Arme : Le personnage dégaine, rengaine, encoche ou recharge une arme. Récupérer une arme que l'on a laissé tomber à proximité nécessite deux tours : un pour se déplacer et ramasser l'arme, et le second pour revenir à une position de garde. Recharger certaines armes à projectiles nécessite plusieurs tours.

Se Déplacer : S'il n'est pas en combat rapproché, un personnage peut se déplacer de n'importe quelle distance que le Maitre de Jeu jugera appropriée à la situation.

Se Relever : S'il n'est pas engagé avec un adversaire, un personnage peut automatiquement se redresser après être tombé ou avoir été renversé. S'il est engagé, le personnage doit réussir un jet d'opposition de Force Brute ou d'Athlétisme avec son adversaire avant de pouvoir se relever.

Utiliser un Pouvoir : Le personnage peut tenter de lancer un sort, d'utiliser un super-pouvoir ou un autre genre d'effet surnaturel. Un pouvoir complexe peut nécessiter plusieurs tours pour être invoqué.

Réactions

Cette liste précise les réactions pouvant être utilisées à tout moment pendant le round de combat en réponse à une menace imminente. Comme dans la liste précédente, chaque réaction coute un point d'action.

Esquive : Le personnage peut utiliser sa compétence Esquive pour tenter de plonger ou de rouler à l'abri des menaces potentielles (projectiles, charges...). Sauf cas particulier, cette action laissera le personnage au sol. Ainsi, le prochain tour du personnage sera habituellement consacré à l'action Se Relever. Voir Esquiver à la page 25.

Parade : À l'aide d'une combinaison de blocages, de parades, d'esquives et de feinte de corps, un personnage tente de se défendre contre une attaque.

Actions libres

Les actions libres peuvent être effectuées à tout moment pendant le round et ne coûtent aucun point d'action.

Garde : Le personnage protège une localisation particulière de son corps en affectant une de ses armes à la couverture passive de la zone. Tout coup atteignant cette localisation voit ses dégâts automatiquement diminués, comme si l'arme avait paré avec succès. La garde est maintenue jusqu'à ce que l'arme soit utilisée pour attaquer ou pour parer activement. Établir une garde ou changer la localisation couverte doit être effectué avant le jet d'attaque adverse. En raison de leur conception particulière, les boucliers peuvent couvrir plusieurs zones. Pour de plus amples explications, voir Parade passive à la page 26.

Lâcher une Arme : Se débarrasser d'une arme est une action libre.

Parler : Un personnage peut parler à tout moment pendant un combat, mais ce qu'il dit doit être limité à de courtes phrases pouvant être prononcées en moins de cinq secondes : « Derrière toi ! » ou « Maudit sois-tu ! », par exemple.

Signaler : Si un personnage n'est pas engagé, il peut signaler quelque chose à un ou plusieurs participants (si ceux-ci peuvent le voir ou l'entendre) à l'aide d'une action libre.

Utiliser un Point de Chance : L'utilisation d'un point de chance, par exemple pour relancer les dés, est une action libre.

> #### Exemples de réduction des dégâts
> Parer une grande hache (taille Très Grande) avec un aspis (taille Très Grande aussi) permet de bloquer tous les dégâts, alors qu'une parade avec une épée longue (taille Grande) réduirait seulement les dégâts de moitié, et une parade avec une épée courte (taille Moyenne) n'aurait aucun effet.

Fonctionnement du combat

Le combat dans Mythras est résolu au coup par coup : chaque attaque ou parade représente une unique frappe, sort ou projectile. Toute action offensive peut être contrée par une réaction. Ainsi, même si un personnage réussit à frapper un adversaire, ce dernier a l'opportunité d'effectuer un jet de parade afin de dévier le coup. Qu'un personnage essaie d'éviter un projectile ou de se libérer de la poigne de fer d'une pieuvre géante, la logique reste la même.

Attaques et parades

Le combat rapproché comporte les étapes suivantes :

1. À son tour, l'attaquant dépense un point d'action, effectue un jet de Style de Combat et note le résultat.
2. S'il le désire, le défenseur dépense un point d'action, effectue un jet de Style de Combat et note le résultat.
3. Les niveaux de réussite sont comparés selon le principe du jet différentiel (voir page 16).
4. Le combattant avec le meilleur niveau de réussite obtient un ou plusieurs effets spéciaux de combat.
5. Si l'attaquant a obtenu une réussite ou une réussite critique, il peut lancer les dégâts de l'arme et ajouter son modificateur de dégâts (s'il s'applique). Le cas échéant, la localisation du coup est déterminée.
6. Si le défenseur a réalisé une réussite ou une réussite critique, il réduit les dégâts reçus en fonction de la taille des armes utilisées.
7. Les dégâts restants sont diminués des points d'armure de la protection naturelle ou portée.

Notez que l'obtention d'effets spéciaux n'est pas liée aux dégâts éventuellement infligés. Il est donc tout à fait possible pour un défenseur d'obtenir un effet spécial grâce à un meilleur niveau de réussite et de subir quand même une blessure.

Taille des armes

Dans Mythras, une arme est décrite à l'aide de différents attributs qui vont des dégâts qu'elle inflige jusqu'au nombre de mains nécessaires pour la manier. La taille est une représentation de sa masse, de son efficacité et de sa stabilité. Elle est utilisée pour déterminer la capacité de l'arme à infliger et à parer les dégâts. Les catégories de taille sont : **Petite**, **Moyenne**, **Grande**, **Très Grande** et **Énorme**. Les attaques naturelles des créatures sont classées de la même manière en fonction de leurs caractéristiques anatomiques.

Réduction des dégâts

Si le défenseur réussit à parer, il peut réduire les dégâts de l'attaque en fonction de la taille relative des armes utilisées.

- Parer avec une arme ou un bouclier de taille *égale ou supérieure* à l'attaque dévie tous les dégâts de celle-ci.
- Parer avec une arme ou un bouclier d'une catégorie de taille *inférieure* dévie la moitié des dégâts de l'attaque.
- Parer avec une arme ou un bouclier d'une taille *inférieure de deux catégories ou plus* ne permet pas de détourner le moindre dégât.

Armure

Tous les dégâts qui traversent la parade du défenseur sont encore diminués par les points d'armure de sa protection, qu'elle soit naturelle (écailles, carapace…) ou portée. Si le défenseur dispose des deux types de protection, leurs points d'armure se cumulent pour réduire les dégâts.

En raison de l'encombrement et de la gêne qu'une armure portée impose aux mouvements, la plus haute valeur de points d'armure agit comme une pénalité à l'initiative.

Parer une attaque manquée

Si l'attaquant rate son jet d'attaque initial, le défenseur garde la possibilité de dépenser un point d'action pour parer. Cela lui donne une chance d'obtenir des effets spéciaux capables d'affaiblir ou de mettre hors de combat son adversaire.

Absence de parade

Si le défenseur ne pare pas, car il est à court de points d'action, ou s'il choisit de ne pas en dépenser, parce qu'il est confiant dans sa capacité à encaisser les dégâts, il sera considéré comme ayant automatiquement obtenu un échec. Cela a pour conséquence d'accorder un ou plusieurs effets spéciaux à l'attaquant ayant réussi son jet.

Échecs

Si les deux combattants échouent à leurs tests ou si le défenseur décide de ne pas profiter d'une attaque manquée, alors la séquence d'attaque-parade se termine et le prochain protagoniste dans l'ordre d'initiative peut agir.

Effets spéciaux

Les effets spéciaux sont des techniques permettant d'obtenir un avantage en combat : désarmer l'adversaire, le faire trébucher, etc.

À chaque fois que des combattants effectuent un jet différentiel impliquant leurs capacités de combat respectives, toute différence dans leurs niveaux de réussite peut amener des effets spéciaux. Ceci reflète un combattant qui exploite la situation désavantageuse de son adversaire à l'aide d'une ruse, d'une technique ou d'une tactique.

Le nombre d'effets spéciaux obtenus dépend de la différence entre les niveaux de réussite, comme illustré sur le tableau des Résultats des jets différentiels (voir page 16).

Les effets spéciaux obtenus doivent être choisis avant que la localisation et les dégâts éventuels ne soient déterminés. Dans les cas où l'adversaire, en plus de subir un effet spécial, est grièvement blessé, les jets d'endurance sont résolus après l'application des effets.

Exemples d'effets spéciaux

Effet spécial	Offensif	Défensif	Arme spécifique	Jet spécifique	Cumulable
Aveugler		X		Critique du défenseur	
Autre Cible		X		Maladresse de l'attaquant	
Blessure Accidentelle		X		Maladresse de l'attaquant	
Choisir Localisation	X			Voir description	
Clouer sur Place	X		Armes à distance		
Coincer l'Arme	X	X		Critique Seulement	
Désarmer	X	X			
Emmêler	X	X	Armes qui emmêlent		
Empaler	X		Armes qui empalent		
Endommager l'Arme	X	X			
Entailler	X	X	Armes tranchantes		
Étourdir	X		Armes contondantes		
Faire Trébucher	X	X			
Feinte	X			Critique de l'attaquant	
Forcer l'Échec	X	X		Maladresse de l'adversaire	
Fracasser	X		Armes à deux mains		
Maximiser les Dégâts	X			Critique de l'attaquant	X
Neutraliser	X		Armes à feu		
Parade Complète		X		Critique du défenseur	
Prendre l'Avantage	X				
Préparer la Riposte		X			X
Rechargement Rapide	X				X
Repousser	X		Boucliers et armes contondantes		
Saigner	X		Armes tranchantes		
Saisir	X		Bagarre		
Se Libérer		X		Critique du défenseur	
Se Relever		X			
Se Replier		X			
Tir Précis	X		Armes à distance		
Traverser l'Armure	X			Critique de l'attaquant	X

Les effets spéciaux couvrent un large éventail de situations et de techniques. Certains sont conçus spécifiquement pour l'attaque, d'autres pour la défense. Quelques-uns sont utilisables dans toutes les circonstances. Certains effets spéciaux peuvent également être limités à des types d'armes ou à des niveaux de réussite spécifiques (réussite critique ou maladresse par exemple).

Lorsque deux effets spéciaux ou plus sont obtenus, le combattant peut les combiner librement, du moment qu'il respecte chacun de leurs prérequis. Certains peuvent même être cumulés. Par exemple, un attaquant obtenant une réussite critique et deux effets spéciaux peut choisir Maximiser les Dégâts deux fois plutôt que de choisir deux manœuvres offensives différentes.

Description des effets spéciaux

Les effets spéciaux suivants ne représentent qu'une partie de ceux disponibles dans les règles complètes de Mythras.

Autre Cible : En cas de maladresse de l'attaquant, le défenseur peut manœuvrer ou dévier le coup, de telle sorte que celui-ci atteigne à la place un personnage adjacent. Il faut pour cela que la nouvelle cible soit à portée d'arme de l'agresseur original ou, dans le cas d'une attaque à distance, qu'elle soit dans la ligne de tir. L'attaque prend au dépourvu la nouvelle cible et touche donc automatiquement, mais ne lui inflige pas d'effet spécial.

Aveugler : Sur une réussite critique, le défenseur aveugle brièvement son adversaire en lui jetant du sable, en reflétant la lumière du soleil avec son bouclier, ou en utilisant toute autre tactique qui interfère momentanément avec la vision de l'attaquant. L'attaquant doit faire un jet d'opposition d'Esquive (ou de son Style de Combat s'il utilise un bouclier) contre le jet de parade du défenseur. Si l'attaquant échoue, il subit pour les 1d3 tours à venir un modificateur situationnel de niveau Difficile ou Redoutable, selon la méthode utilisée pour l'aveuglement.

Blessure Accidentelle : Le défenseur dévie l'attaque de l'adversaire de telle sorte que celui-ci se blesse. L'attaquant doit effectuer un jet de dégâts de l'arme qu'il utilise contre lui-même, dans une localisation déterminée aléatoirement. S'il n'est pas armé, il se froisse ou se déchire un muscle par exemple ; le jet de dégâts ignore alors toute armure.

Choisir Localisation : Avec une arme de corps à corps, l'attaquant peut choisir librement la localisation où atterrit le coup, à condition que cet endroit soit à portée d'allonge. S'il utilise une arme à distance, Choisir Localisation nécessite une réussite critique, à moins que la cible ne soit à portée courte et qu'elle soit immobile ou inconsciente de l'attaque.

Clouer sur Place : Similaire à Prendre l'Avantage, cet effet spécial contraint la cible à effectuer un jet d'opposition de Volonté contre le jet d'attaque du tireur. En cas d'échec, la cible est contrainte à se replier pour se mettre à couvert et ne peut revenir faire feu avant son prochain tour. Il faut noter que Clouer sur Place fonctionne même si aucun dégât n'est infligé à la cible (en raison par exemple d'une esquive réussie ou de projectiles ayant touché une localisation protégée), car l'effet spécial s'appuie sur l'effet d'intimidation provoqué par un tir passant tout près.

Une victime clouée sur place ne peut riposter lors de son prochain tour, mais elle peut cependant entreprendre d'autres actions ne l'exposant pas aux tirs ennemis, comme ramper jusqu'à un autre endroit à couvert, communiquer avec d'autres personnes, recharger son arme, etc.

Coincer l'Arme : Sur une réussite critique, le personnage peut coincer une arme de son adversaire en utilisant son corps ou sa position pour la maintenir en place. À son tour, l'adversaire peut tenter de lutter pour libérer son arme. Cela lui coûte un point d'action et fonctionne comme pour l'effet spécial Saisir. Un échec signifie que l'arme coincée reste inutilisable. Pendant ce temps, un adversaire sans autre arme ou bouclier ne pourra éviter une attaque qu'en esquivant, en utilisant Bagarre ou en se désengageant du combat.

Désarmer : Le personnage frappe, arrache ou détourne l'arme de son adversaire pour le désarmer. Ce dernier doit faire un jet d'opposition de Style de Combat contre le jet original du personnage. Si l'adversaire échoue, son arme est projetée à une distance égale au jet de modificateur de dégâts du personnage en mètres ; ou, si le personnage combat sans arme, il parvient à saisir l'arme de l'adversaire. Si le modificateur de dégâts est nul ou négatif, l'arme tombe aux pieds de la personne désarmée. La différence de taille entre les armes affecte le jet. Pour chaque différence de catégorie de taille entre l'arme ciblée et l'arme effectuant le désarmement, la difficulté du jet de la victime augmente d'un niveau si son arme est plus petite. Inversement, le niveau de difficulté baisse d'un niveau si l'arme de la victime est plus grande. Le désarmement ne fonctionne que sur les créatures ayant jusqu'à deux fois la FOR de l'attaquant.

Endommager l'Arme : Le personnage endommage l'arme de son adversaire en attaquant ou en parant. S'il attaque, le personnage vise spécifiquement l'arme de parade du défenseur et applique son jet de dégâts à celle-ci plutôt qu'au porteur. L'arme ciblée utilise ses propres points d'armure pour résister aux dégâts. L'arme se brise si ses points de vie sont réduits à zéro.

Emmêler : Permet à un personnage brandissant une arme qui emmêle, comme un fouet ou un filet, d'immobiliser la localisation touchée. Un bras emmêlé ne peut pas utiliser ce qu'il tient, une jambe prise au piège empêche la cible de bouger. Si la tête, la poitrine ou l'abdomen sont emmêlés, la difficulté des jets de compétence augmente d'un niveau. À son tour suivant, le personnage peut dépenser un point d'action pour faire une tentative automatique de Faire Trébucher. Une victime emmêlée peut tenter de se libérer à son tour, soit en effectuant un jet d'opposition de Force Brute, soit en obtenant un effet spécial et en choisissant Endommager l'Arme, Désarmer ou Se Libérer.

Empaler : Lancez les dégâts de l'arme deux fois. L'attaquant choisit alors quel résultat il utilise pour l'attaque. Avec une arme de mêlée, si le coup pénètre l'armure et provoque une blessure, l'attaquant a la possibilité de laisser son arme dans la plaie ou de la retirer à son prochain tour. Laisser l'arme en place inflige un malus à tous les futurs jets de compétence de la victime. La sévérité de cette pénalité dépend de la taille de la créature et de l'arme qui empale, comme indiqué dans le tableau des Effets d'empalement ci-dessous. Par souci de simplicité, de nouveaux empalements subis par des armes de taille similaire n'infligent aucune pénalité supplémentaire. Retirer une arme empalée pendant une mêlée nécessite l'utilisation de l'action de combat Préparer une Arme. L'attaquant doit réussir un jet de Force Brute sans opposition (ou remporter un jet d'opposition de Force Brute si l'adversaire

Effets d'empalement

TAI de la créature	Arme Petite	Arme Moyenne	Arme Grande	Arme Très Grande	Arme Énorme
1-10	Redoutable	Herculéen	Sans Espoir	Sans Espoir	Sans Espoir
11-20	Difficile	Redoutable	Herculéen	Sans Espoir	Sans Espoir
21-30	Sans effet	Difficile	Redoutable	Herculéen	Sans Espoir
31-40	Sans effet	Sans effet	Difficile	Redoutable	Herculéen
41-50	Sans effet	Sans effet	Sans effet	Difficile	Redoutable
Chaque +10	Suivre la progression du tableau				

résiste). En cas de réussite, l'arme se libère, provoquant la moitié de ses dégâts normaux dans la même localisation, sans aucun modificateur de dégâts. Un échec implique que l'arme reste coincée dans la plaie sans autre effet, bien que le personnage puisse réessayer à son prochain tour. Les armes barbelées (comme les harpons) infligent des dégâts normaux. L'armure ne réduit pas les dégâts lors du retrait. Tant que l'arme reste empalée, un personnage ne peut l'utiliser pour parer.

Entailler : Le combattant entaille son adversaire et lui laisse une marque pour le restant de sa vie, comme une gorge presque tranchée ou un Z artistiquement tracé sur son torse.

Étourdir : L'attaquant peut utiliser une arme contondante pour étourdir temporairement la partie du corps touchée. Si le coup dépasse les points d'armure et blesse sa cible, le défenseur doit effectuer un jet d'opposition d'Endurance contre le jet d'attaque d'origine. Si le défenseur échoue, alors la localisation est frappée d'incapacité pour un nombre de tours égal aux dégâts infligés. Avec une frappe au torse, le défenseur titube, le souffle coupé ; il est seulement capable de se défendre. Un coup à la tête étourdit momentanément l'ennemi.

Faire Trébucher : Le personnage tente de faire basculer ou de projeter son adversaire au sol. L'adversaire doit effectuer un jet d'opposition de Force Brute, Esquive ou Acrobatie contre le jet d'origine du personnage : s'il échoue, il tombe au sol. Les adversaires quadrupèdes (ou les créatures avec encore plus de pattes) peuvent remplacer leur Esquive par Athlétisme et réduire d'un niveau la difficulté du jet.

Feinte : Sur une réussite critique, l'attaquant peut contourner complètement une parade normalement réussie.

Forcer l'Échec : Utilisé quand l'adversaire obtient une maladresse, le personnage peut combiner Forcer l'Échec avec tout autre effet spécial nécessitant un jet d'opposition pour fonctionner. Cela provoque l'échec automatique de l'adversaire à son jet de résistance : il est de fait automatiquement désarmé, sonné, etc.

Fracasser : L'attaquant peut utiliser une arme adaptée, telle qu'une hache, pour endommager l'armure ou la protection naturelle de l'adversaire. Tous les dégâts de l'arme, après la réduction due à la parade ou à la magie, sont appliqués à la protection. Les dégâts qui dépassent la valeur de PA de l'armure en réduisent les PA, par exemple en rompant les sangles ou les anneaux, en froissant les plaques ou en déchirant le cuir, les écailles ou la chitine des monstres. S'il reste des dégâts après que la protection a été réduite à zéro PA, ils sont appliqués aux points de vie de la localisation touchée.

Maximiser les Dégâts : Sur une réussite critique, le personnage peut appliquer le résultat le plus élevé à un des dés de dégâts de son arme. Par exemple, une hachette effectuant normalement 1d6 points de dégâts en fera 6, alors qu'une grande masse avec 2d6 dégâts infligera 1d6 + 6. Cet effet spécial peut être cumulé. Même si Maximiser les Dégâts peut aussi être utilisé avec des armes naturelles, cela n'affecte pas le modificateur de dégâts de l'attaquant, qui doit être lancé normalement.

Neutraliser : Si la cible reçoit au moins une Blessure Légère, celle-ci est contrainte de faire un jet d'opposition de son Endurance contre le jet d'attaque original. En cas d'échec, elle est submergée par le choc et la douleur et se retrouve dans l'incapacité de poursuivre le combat. La victime peut se rétablir en recevant les Premiers Soins, ou en utilisant des stimulants chimiques ou technologiques si de telles substances sont disponibles dans le cadre de jeu. Dans le cas contraire, son incapacité se prolonge une durée égale à une heure divisée par sa vitesse de guérison.

Parade Complète : Sur une réussite critique, le défenseur arrive à dévier ou à éviter toute la force de l'attaque, quelle que soit la taille de son arme.

Prendre l'Avantage : L'attaquant fait pression sur son adversaire pour l'obliger à rester sur la défensive, l'empêchant d'attaquer au tour suivant. L'attaquant pourra ainsi lancer une séquence ininterrompue de coups que l'adversaire tentera de parer désespérément. L'effet spécial n'est efficace que contre des adversaires soucieux de se défendre.

Préparer la Riposte : Le défenseur voit clair dans le jeu de l'attaquant et prépare une riposte contre un effet spécial spécifique (qui doit être secrètement noté). Pendant le combat, si l'adversaire tente effectivement d'infliger l'effet spécial choisi, cet effet est annulé et le défenseur réussit automatiquement un effet spécial de son choix parmi ceux accessibles aux défenseurs.

Rechargement Rapide : Lorsqu'il utilise une arme à distance, l'attaquant peut réduire de un le temps de rechargement de la prochaine attaque. Cet effet spécial peut être cumulé.

Repousser : L'attaquant repousse violemment l'adversaire. La distance d'un tel recul dépend de l'arme utilisée. Les boucliers repoussent l'adversaire d'un mètre par tranche de deux points de dégâts (avant toute soustraction due à l'armure, la parade, etc.), tandis que les armes contondantes provoquent un recul d'un mètre tous les trois points de dégâts. Repousser ne fonctionne que sur les créatures ayant jusqu'à deux fois la TAI de l'attaquant. Si la victime recule dans un obstacle, elle devra faire un jet Difficile d'Athlétisme ou d'Acrobatie pour éviter de trébucher.

Saigner : L'attaquant essaie de sectionner un vaisseau sanguin important. Si le coup traverse l'armure et blesse la cible, le défenseur doit faire un jet d'opposition d'Endurance contre le jet d'attaque original. Si le défenseur échoue, il commence à saigner abondamment. Au début de chaque round, la fatigue de la victime augmente d'un niveau jusqu'à ce qu'elle s'effondre et meure. L'hémorragie peut être jugulée par un jet réussi de Premiers Soins, mais la victime ne peut plus effectuer d'activité intense ou violente sans rouvrir la plaie. Voir Hémorragie page 29.

Saisir : À condition que l'adversaire soit à portée, le personnage peut utiliser une main inutilisée (ou un membre similaire capable de saisir, comme des griffes, une queue ou un tentacule) pour agripper son adversaire, l'empêchant de se désengager d'un combat. L'adversaire peut tenter de se libérer à son tour, ce qui nécessite un jet d'opposition de Force Brute ou de Bagarre, l'adversaire et le personnage pouvant chacun choisir entre les deux compétences.

Se Libérer : Sur une réussite critique, le défenseur se libère automatiquement des effets spéciaux Emmêler, Saisir ou Coincer l'Arme.

Se Relever : Permet au défenseur de profiter d'une ouverture momentanée pour se remettre sur ses pieds.

Se Replier : Le défenseur peut automatiquement s'éloigner hors de portée, rompant l'engagement avec cet adversaire.

Tir Précis : Permet au tireur de déplacer la localisation touchée vers une localisation adjacente du corps de la cible. La morphologie de la victime et le bon sens doivent guider quelle localisation il est possible de choisir. Ainsi, si cet effet spécial est utilisé sur un humanoïde et que la localisation déterminée aléatoirement est une jambe, il permet de toucher l'abdomen à la place. S'il est utilisé sur un griffon et que la localisation déterminée aléatoirement est la poitrine, il permet de toucher la tête, les pattes avant ou les ailes.

Traverser l'Armure : Sur une réussite critique, l'attaquant découvre une faille dans l'armure naturelle ou portée du défenseur. Si le défenseur porte une armure par-dessus sa protection naturelle, l'attaquant devra décider laquelle des deux il traverse. Cet effet peut être cumulé pour contourner les deux à la fois. Pour les besoins de cet effet, une protection physique acquise par magie est considérée comme étant une armure portée.

Combat rapproché

Nous détaillons ici des éléments propres à ce type de combat.

Balayage

Les attaques de balayage se produisent sur décision du Maître de Jeu lorsque des armes ou des créatures de taille inhabituelle ciblent un groupe d'adversaires agglutinés, par exemple la queue d'un énorme dragon ou l'irrésistible charge d'un tricératops géant fauchant plusieurs ennemis simultanément. Un balayage est réalisé en appliquant un jet d'attaque unique contre toutes les cibles sur le chemin de l'attaquant. Chaque cible doit résoudre sa défense séparément, et les éventuels effets spéciaux affectant l'agresseur sont considérés comme ayant lieu simultanément.

Bond offensif

Il existe une variété de situations où un attaquant peut bondir sur sa cible, par exemple au déclenchement d'une embuscade ou à la fin d'une charge. Certaines créatures ont même la capacité de bondir sur un adversaire sans avoir besoin d'une course d'élan ni d'une position surélevée.

Une attaque par bond est résolue par un jet d'opposition d'Athlétisme contre la Force Brute ou l'Esquive du défenseur. Si la cible est un quadrupède, le niveau de difficulté du jet de l'attaquant augmente de un. Si le défenseur échoue, il se retrouve automatiquement à terre, avec l'attaquant à califourchon sur lui. Si l'attaque échoue, le défenseur a évité ou bien a résisté à l'impact. Si le vainqueur obtient une différence d'un niveau de réussite ou plus sur son adversaire, il peut choisir des effets spéciaux adaptés comme en combat normal.

Le saut n'inflige aucun dégât, mais la victime au sol ne peut se relever que si son agresseur la libère, ou si elle obtient un effet spécial lui permettant de Se Relever.

Charger

Lors d'une charge, un personnage doit utiliser au moins un point d'action pour Se Déplacer avant le tour où il attaque. Son jet d'attaque est effectué au niveau Difficile. En retour, l'arme utilisée pour attaquer est considérée comme ayant un niveau de taille supplémentaire et le modificateur de dégâts est augmenté d'un niveau pour les bipèdes ou de deux niveaux pour les quadrupèdes et les créatures avec encore plus de pattes. Un personnage monté peut utiliser le modificateur de dégâts de sa monture au lieu du sien. La position finale du personnage qui charge dépend du résultat de la passe d'armes et de sa volonté de s'arrêter ou de passer en force pour rompre immédiatement l'engagement.

Plutôt que de parer ou d'esquiver, la cible de la charge peut choisir de contre-attaquer au moment où la charge arrive au contact. Dans ce cas, c'est celui qui manie l'arme avec la plus grande allonge qui frappe le premier. Si le défenseur utilise une arme qui peut être « calée » pour recevoir une charge (comme une lance), il peut remplacer son modificateur de dégâts par celui de l'adversaire qui charge.

Couverture

Les protagonistes se mettent à couvert pour se protéger des attaques, soit en s'abritant derrière un matériau suffisamment solide pour bloquer les coups, soit en cachant leur position à l'ennemi. Ils peuvent ainsi bloquer un coup grâce à la solidité du matériau d'interposition ou cacher leur position à l'ennemi. La valeur précise de cette couverture dépend de l'épaisseur et de l'étendue de la protection.

Une attaque dirigée contre la cible atteignant une localisation couverte sera bloquée à hauteur de la protection fournie par la couverture. Les effets d'une couverture peuvent être partiellement annulés, soit en utilisant l'effet spécial Choisir Localisation pour viser les parties visibles de la cible, soit en frappant à travers la couverture avec une arme capable de la pénétrer.

Dans les situations où la couverture est totale, mais où l'attaquant pense que son attaque pénétrera la couverture, il peut attaquer la cible cachée à l'aveuglette. Dans ce cas, la difficulté du jet d'attaque est augmenté d'un niveau et l'effet spécial Choisir Localisation ne pourra pas être sélectionné. Cela suppose que l'attaquant se soit fait une idée précise de la position de la cible.

Engagement

La notion d'engagement joue un rôle important dans les combats rapprochés. Un personnage est considéré comme étant *engagé* s'il est à portée de l'arme de mêlée de son adversaire. Cela ne signifie pas qu'il peut atteindre son adversaire, seulement qu'il peut être atteint par ce dernier. Un *engagement* a donc lieu lorsqu'au moins un des combattants est engagé.

Une fois qu'un personnage est engagé, il ne peut plus quitter librement le combat rapproché (la charge étant une exception). *Se désengager* est un acte délibéré que l'adversaire peut tenter de contrer ; il normalement réalisé par l'intermédiaire d'une action de combat, comme Changer la Distance ou Manœuvrer ou grâce à l'effet spécial adéquat. Il faut d'abord se désengager avant de pouvoir fuir une bataille.

Esquiver

Esquiver consiste à plonger sur le côté pour éviter une attaque. Cette action nécessite un jet d'opposition de la compétence Esquive du défenseur contre la compétence appropriée de l'attaquant. Cela peut être n'importe quoi, de la compétence Conduite d'un char de combat lancé à pleine vitesse à la compétence de lancer de sort d'un magicien. Si l'attaquant l'emporte, il inflige les dégâts habituels. Si le défenseur gagne, les dégâts sont complètement évités. Si le vainqueur du jet d'opposition obtient un ou plusieurs niveaux de réussite de plus que son adversaire, il peut choisir des effets spéciaux adaptés, comme en combat normal. Quel que soit le résultat, l'esquive laisse le défenseur au sol, l'obligeant en général à se relever au tour suivant, à moins qu'il n'utilise l'effet spécial Se Relever ou que son style de combat possède un trait tel que Casse-Cou.

Manœuvrer

Un personnage en infériorité numérique peut se déplacer de façon à limiter le nombre d'assaillants capables de l'attaquer à un moment donné. Pour cela, il change en permanence de position et contraint ses adversaires à se gêner les uns les autres. Il doit cependant disposer d'une grande liberté de mouvement, et donc ne pas se trouver dans une zone confinée.

Le personnage qui manœuvre engage ses adversaires dans un jet d'opposition de groupe de la compétence Esquive. Lui et chaque adversaire désirant le coincer doivent dépenser un point d'action. Ils effectuent ensuite leurs jets : tous ceux qui ne parviennent pas à battre le jet du personnage qui manœuvre ne peuvent l'attaquer pour le reste de ce round de combat, car ils sont bloqués par leurs alliés ou par des éléments du terrain.

Si le personnage l'emporte sur tous ses adversaires, il peut soit engager en toute sécurité le combat contre un seul ennemi pour le reste du round, soit utiliser l'effet spécial Se Replier pour se retirer du combat.

Modificateurs situationnels

Pendant les combats, des conditions particulières ou les conséquences d'un effet spécial peuvent engendrer des modificateurs situationnels. Par exemple, combattre dans l'obscurité entraine un niveau de difficulté Herculéen. Sauf indication contraire, c'est le Maitre de Jeu qui décide des modificateurs à employer. Lorsque plusieurs modificateurs situationnels peuvent s'appliquer à un personnage, utilisez le plus sévère.

Certains modificateurs dépendant des circonstances fonctionnent en limitant la valeur du Style de Combat par la valeur d'une autre compétence. Par exemple, un combattant qui se bat à de cheval voit son Style de Combat plafonné par sa compétence Équitation, tandis que s'il combat dans l'eau, il sera limité par sa compétence Natation.

Modificateurs situationnels de combat rapproché

Situation	Niveau de difficulté
Attaquer une cible sans défense	Automatique
Se défendre en contrebas	Difficile
Combattre dans un espace confiné	Difficile
Combattre avec un arme non familière	Difficile
Combattre au sol	Redoutable
Se défendre contre une attaque de dos	Redoutable
Combattre dans le noir total ou en étant aveuglé	Herculéen

Parade passive

La parade passive consiste à placer une arme ou un bouclier de manière à protéger une localisation du corps, ou plusieurs dans le cas d'un bouclier, en abandonnant la possibilité de l'utiliser pour parer activement (voir Garde page 21). Toute attaque atteignant ces localisations subit automatiquement la réduction des dégâts habituelle de cette arme ou de ce bouclier. Cette technique est couramment utilisée lorsqu'un guerrier tient à protéger un point faible ou une localisation blessée. En outre, rien n'empêche un combattant muni de deux armes ou d'une arme et d'un bouclier d'utiliser son autre arme pour parer activement.

Comme la parade passive fonctionne de la même manière qu'une couverture, l'effet spécial Choisir Localisation ne peut pas être utilisé pour contourner la protection, même s'il peut servir à atteindre une localisation non protégée. S'accroupir derrière son bouclier permet à un personnage de doubler le nombre de zones couvertes par une parade passive.

Recul

Une attaque qui provoque plus de dégâts que la TAI de la cible fera reculer celle-ci. On considère pour cela les dégâts effectués avant toute réduction due à la parade ou à l'armure. En recevant un tel coup, la victime doit réussir un jet d'Acrobatie Facile ou d'Athlétisme Normal pour éviter de tomber au sol. Elle est également repoussée d'un mètre par tranche (ou fraction) de cinq points de dégâts au-delà de sa TAI.

Surprise

La surprise se produit lorsqu'une attaque inattendue est lancée contre des adversaires ignorant la présence ou l'intention de l'attaquant. On peut penser par exemple à une embuscade ou à la trahison d'un allié lors d'une conversation amicale.

Une cible surprise est fortement désavantagée :

- Elle subit un malus de – 10 à l'initiative ;
- Jusqu'à ce que son tour survienne, elle est considérée comme étant prise au dépourvu et ne peut se défendre ;
- La première attaque sur cette cible bénéficie, en cas de réussite, d'un effet spécial en bonus ;
- Pour le reste du round, la cible ne pourra pas effectuer d'action offensive.

Combat à distance

Le combat à distance englobe toutes les armes qui peuvent être tirées, lancées ou projetées sur une cible. Les attaques à distance sont gérées de manière identique au combat rapproché. Cependant, les armes à distance ne peuvent normalement être parées qu'avec des boucliers ; sans ceux-ci, il faut donc compter sur un abri naturel ou utiliser l'esquive pour plonger hors de la ligne de tir. De ce fait, les armes à distance peuvent être redoutables contre des ennemis peu protégés.

Chaque arme à distance possède un certain nombre d'attributs spécifiques qui déterminent son efficacité. Ceux qui ont une incidence sur le combat sont les suivants :

Impact

L'équivalent de la taille pour les armes à distance. L'impact reflète le pouvoir de pénétration d'une arme ou d'un projectile et permet de déterminer si l'attaque transperce la parade (du bouclier).

Modificateur de dégâts

Cet attribut indique si le modificateur de dégâts de l'attaquant peut être utilisé pour augmenter le jet de dégâts de l'arme à distance. En général, seuls les arcs et les armes de jet le permettent.

Portée

Trois nombres séparés par des traits représentent les portées Courte, Efficace et Longue de l'arme ou de la munition. La portée Courte est la distance à laquelle l'effet spécial Choisir Localisation peut être utilisé, à condition que la cible soit immobile ou inconsciente de l'attaque. La portée Effective n'implique pas de modificateur particulier. À portée Longue, l'arme peut encore blesser, mais les dégâts sont divisés par deux et l'impact est réduit d'un niveau.

Recharge

Le temps, en nombre de tours, nécessaire pour charger ou recharger une arme tirant des munitions. Un personnage peut réduire cette durée à l'aide de l'effet spécial Rechargement Rapide. Dans le cas des armes à feu, la recharge représente le temps nécessaire pour changer de chargeur.

Taille d'empalement

En matière d'empalement, la taille d'une arme est un concept différent de la force avec laquelle elle frappe. Les armes à distance qui empalent ont une caractéristique dédiée qui indique leur taille effective en tenant compte de la friction provoquée par l'effet spécial Empaler.

Modificateurs situationnels

Comme avec le combat rapproché, des circonstances particulières peuvent affecter les combats. Notez que des conditions de tir difficiles, comme tirer en conduisant une moto, la valeur du Style de Combat du personnage peut être limitée par celle d'une autre compétence.

Modificateurs situationnels de combat à distance

Situation	Niveau de difficulté
Vent léger	Difficile
Vent modéré	Redoutable
Vent puissant	Herculéen
Tempête ou ouragan	Sans Espoir
La cible court	Difficile
La cible zigzague	Redoutable
Cible partiellement dissimulée par un obstacle, de la brume ou l'obscurité du crépuscule	Difficile
Cible presque entièrement dissimulée par un obstacle, une fumée épaisse ou du brouillard	Redoutable
Attaquant aveuglé ou obscurité complète	Sans Espoir

Tirer dans le tas

Lorsqu'on tire sur une cible spécifique à la lisière d'une foule ou d'une mêlée, le niveau de difficulté de l'attaque est Difficile. Pour toucher une cible au milieu ou de l'autre côté d'un groupe, le niveau de difficulté devrait être augmenté à Redoutable. Il est cependant toujours possible de viser pour réduire la difficulté du tir.

Un tireur qui réussit son jet d'attaque malgré le malus a visé juste et atteint sa cible. Si le tireur manque le jet, mais qu'il aurait réussi sans le malus imposé par le tir dans le tas, il touche un personnage adjacent (qui peut esquiver ou parer normalement).

Si plusieurs cibles se trouvent dans la ligne de mire, le Maitre de Jeu déterminera aléatoirement la victime. Tout effet spécial généré lors de l'attaque ne s'applique qu'à la cible initiale, pas à l'individu touché accidentellement.

Viser

Viser nécessite un round entier pour stabiliser son arme et attendre la meilleure opportunité : accalmie momentanée du vent, cible qui se déplace entre deux obstacles... En visant, le personnage peut réduire d'un niveau la difficulté imposée par la distance ou un modificateur situationnel. Les autres rounds passés à viser n'accordent aucun avantage supplémentaire.

Localisations

La plupart des attaques réussies atteignent une localisation spécifique qui est déterminée aléatoirement ou, dans certains cas, choisie avec l'effet spécial Choisir Localisation. Pour déterminer aléatoirement la zone touchée, lancez 1d20 et recherchez le résultat dans le tableau de Localisations des humanoïdes ou de la créature adéquate.

Les animaux et les monstres ont généralement des tables de localisation légèrement différentes des humanoïdes afin de refléter leur morphologie particulière. Ces tables se trouvent dans les descriptions des créatures. Pour les humanoïdes, les localisations sont les suivantes : 1-3 Jambe droite, 4-6 Jambe gauche, 7-9 Abdomen, 10-12 Poitrine, 13-15 Bras droit, 16-18 Bras gauche, 19-20 Tête.

Boucliers

Bouclier	Dégâts	Taille	PA/PV	Notes
Targe	1d3	M	6/9	Parade passive : 2 localisations
Écu	1d4	G	6/12	Parade passive : 3 localisations
Pavois	1d4	TG	4/15	Parade passive : 4 localisations
Scutum	1d4	TG	4/18	Parade passive : 5 localisations
Viking	1d4	G	4/12	Parade passive : 4 localisations

Armes et armures

Armures

Antiquité, M.A.	Contemporain	Futur	PA
Fourrures, peaux	Blouson en cuir de motard		1
Jacque, gambison	Équipement de sport		2
Linothorax	Tissu balistique		3
Brigandine	Gilet pare-éclats	Armure corporelle liquide	4
Cuirasse hoplite	Équipement anti-émeute		5
Mailles	Gilet pare-balles type I	Maillage adaptatif	6
Mailles et plaques	Gilet pare-balles type II		7
Plaque gothique	Gilet pare-balles type III	Armure d'assaut légère	8
	Gilet pare-balles type IV		10
		Armure d'assaut	12

Armes de mêlée

Arme	Dégâts	TAI	PA/PV	Notes
Dague	1d4 + 1	P	6/8	Peut être lancée
Épée courte	1d6	M	6/8	
Épée longue	1d10	G	6/12	Arme à deux mains
Filet	1d4	P	2/20	Piège, Arme de lancer
Fouet	1d3	M	2/8	Peut emmêler
Grande hache	2d6 + 2	E	4/10	Peut fracasser l'armure, arme à deux mains
Gourdin	1d6	M	4/4	
Hache	1d6 + 1	M	4/8	Peut fracasser l'armure
Lance 1 M	1d8 + 1	M	4/5	
Lance 2 M	1d10 + 1	G	4/10	Peut recevoir une charge
Masse 1M	1d8	M	6/6	
Masse 2 M	2d6	E	4/12	Arme à deux mains
Poing/pied	1d3	P	–	Dégâts d'un combat sans arme pour un humain

Armes à distance

Arme	Dégâts	MD	Imp.	Portée	Rech.	TAI	PA/PV
Arbalète	1d10	N	TG	20/150/300	3	P	4/8
Arc	1d8	O	G	15/100/200	1	P	4/4
Bolas	1d4	N	–	10/25/50	–	–	2/2
Carabine	2d6	N	TG	100/300/2000	2	–	–
Dague	1d4	O	P	5/10/20	–	P	4/6
Fronde	1d8	N	G	10/150/300	2	–	1/2
Fusil de chasse	3d6	N	M	20/50/200	2	–	–
Fusil laser	1d10 + 2	N		40/120/480	3	–	–
Fusil à plasma	2d6 + 4	N		30/100/300	3	–	–
Fusil de Gauss	2d8 + 2	N	E	150/500/5000	3	–	–
Javelot	1d8 + 1	O	TG	10/20/50	–	M	3/8
Pierre	1d3	O	P	5/10/20	–	–	–
Pistolet	1d6	N	G	50/100/200	2	–	–

Abréviations

1 M : 1 main, 2 M : 2 mains, M.A. : Moyen-âge, MD : Modificateur de dégâts, Imp. : Impact, Rech : Recharge, TAI : Taille d'empalement, PA/PV : Points d'armure/points de vie.

Règles diverses

Toute partie comporte son lot d'imprévus. Ce chapitre fournit règles et conseils pour une multitude de cas que le Maitre de Jeu et les joueurs de Mythras sont susceptibles de rencontrer.

Fatigue

La fatigue mesure l'épuisement et ses effets cumulés. Elle prend en compte des choses très diverses, depuis les activités éprouvantes jusqu'aux effets débilitants de la maladie. Elle s'accumule principalement en se livrant à des activités physiques. Plus l'activité est intense, plus elle fatiguera rapidement le personnage. À la demande du Maitre de Jeu, le personnage devra effectuer un jet de compétence — Athlétisme, Force Brute ou Endurance — pour éviter d'obtenir un niveau de fatigue.

Chaque jet raté augmente la fatigue d'un niveau. Chaque niveau de fatigue implique des pénalités aux compétences, au mouvement, à l'initiative et aux points d'action. L'asphyxie, l'hémorragie et d'autres types d'effet dépendants de l'univers de jeu peuvent aussi accroitre la fatigue.

Pour la plupart des personnages, toute activité devient quasiment impossible lorsqu'est atteint le niveau Incapacité. À ce stade, le personnage est toujours conscient, mais ne peut agir qu'en dernier recours. Au-delà, le personnage ne peut plus agir du tout. Les niveaux de fatigue Semi-Conscient, Comateux et Mort sont généralement réservés aux cas extrêmes de suffocation, de maladie, d'hémorragie, de faim, d'exposition, etc.

Asphyxie

Un personnage peut retenir sa respiration pendant un nombre de secondes égal à sa compétence d'Endurance. Cependant, il doit s'y être préparé, par exemple en ayant inspiré autant d'air que possible ; sinon, la durée d'apnée est réduite de moitié si le personnage était inactif, et à un cinquième s'il accomplissait une action fatigante.

Une fois cette période d'apnée terminée, le personnage doit effectuer un jet d'Endurance à chaque round de combat :

- Si le jet est une réussite critique, aucune détérioration supplémentaire ne survient ;
- Si le jet est une réussite normale, le personnage reçoit un niveau supplémentaire de fatigue ;
- Si le jet échoue, le personnage reçoit 1d2 niveaux supplémentaires de fatigue pour ce round ;
- Si le jet est une maladresse, le personnage reçoit 1d3 niveaux de fatigue supplémentaires pour ce round.

Sans aide, la mort par asphyxie est généralement rapide. Si le personnage est encore vivant à la fin de l'asphyxie, il récupère un niveau de fatigue dû à l'asphyxie par minute.

Niveaux de fatigue

	Niveau de difficulté	Mouvement	Initiative	Points d'action	Temps de récupération
Frais			Pas de pénalité		
Essoufflé	Difficile	Pas de pénalité	Pas de pénalité	Pas de pénalité	15 minutes
Fatigué	Difficile	− 1 mètre	Pas de pénalité	Pas de pénalité	3 heures
Exténué	Redoutable	− 2 mètres	− 2	Pas de pénalité	6 heures
Épuisé	Redoutable	Réduit de moitié	− 4	− 1	12 heures
Affaibli	Herculéen	Réduit de moitié	− 6	− 2	18 heures
Incapacité	Herculéen	Immobile	− 8	− 3	24 heures
Semi-Conscient	Sans Espoir	Pas d'activité possible	Pas d'activité possible	Pas d'activité possible	36 heures
Comateux	Pas d'activité possible	Pas d'activité possible	Pas d'activité possible	Pas d'activité possible	48 heures
Mort	Mort				Jamais

Hémorragie

L'hémorragie due aux blessures externes et internes, le plus souvent subies en combat, peut très rapidement terrasser un personnage. Ses effets se mesurent avec l'accumulation de niveaux de fatigue, d'une manière similaire à l'asphyxie. Une hémorragie entraine la mort si les saignements ne sont pas contenus par des soins médicaux. Au contraire de l'asphyxie, les effets d'une hémorragie sérieuse sur la fatigue sont persistants. Un personnage récupère la fatigue due à l'hémorragie au rythme d'un niveau par jour, à partir du jour suivant l'arrêt des saignements.

Chutes

La quantité de dégâts due à une chute dépend de la hauteur de la chute. Les points d'armure ne réduisent pas les dégâts de la chute, mais le modificateur de dégâts du personnage ou de la créature qui tombe s'applique aux jets de dégâts.

Hauteurs de chute

Hauteur de chute	Dégâts subis
1 m ou moins	Aucun
2 m à 5 m	1d6 dans une localisation aléatoire
6 m à 10 m	2d6 dans deux localisations aléatoires
11 m à 15 m	3d6 dans trois localisations aléatoires
16 m à 20 m	4d6 dans quatre localisations aléatoires
Tous les + 5 m	+ 1d6

Tomber d'un véhicule en mouvement

Les dégâts causés par la chute depuis un véhicule en mouvement, comme un charriot, dépendent de la vitesse du véhicule et de la hauteur de chute. Considérez la vitesse en mètres par round de combat, et consultez le tableau des Hauteurs de chute pour une hauteur égale à la moitié de cette vitesse. Un personnage qui tomberait d'un charriot se déplaçant à 20 m par round de combat subirait 2d6 points de dégâts sur deux localisations aléatoires.

Feu

Un feu est toujours une source de danger lorsqu'il est utilisé comme arme ou qu'il devient incontrôlable. Le tableau d'Intensité de feu donne cinq catégories d'intensités pour les dégâts de chaleur, avec quelques exemples. Les dégâts infligés à chaque round sont indiqués dans la colonne Dégâts. Étant relativement restreints, les feux d'intensité 1 ou 2 n'infligent leurs dégâts qu'à une seule localisation, généralement celle qui touche le feu. Les feux d'intensité 3 et 4 sont plus importants et infligent donc des dégâts aux 1d4 + 1 localisations les plus proches. Les feux d'intensité 5 affectent toutes les localisations simultanément.

Bien sûr, le feu affecte aussi les matériaux inflammables. En l'absence d'action extérieure, ces matériaux prennent feu en un nombre de rounds dépendant de l'intensité du feu. Une fois enflammés, ils brulent jusqu'à extinction ou incinération complète. Les dégâts sont appliqués directement aux points de vie du matériau, en ignorant les points d'armure, et à toute chair se trouvant en dessous. S'il n'est pas contrôlé, le feu se propage à chaque round vers un nombre de localisations égal à son intensité.

Intensité de feu

Intensité	Exemple	Temps pour prendre feu	Dégâts
1	Bougie	1d4	1d2
2	Torche	1d3	1d4
3	Feu de camp	1d2	1d6
4	Incendie	1d2	2d6
5	Lave volcanique	Instantané	3d6

Objets inanimés

Tous les objets inanimés possèdent des points d'armure et des points de vie qui sont utilisés pour déterminer la résistance aux dégâts et à la destruction. Les points d'armure réduisent les dégâts avant que les points de vie ne soient affectés. Une fois que les points de vie d'un objet ont été réduits à zéro, celui-ci devient inutilisable. Pour tenter de détruire un objet, un personnage doit réussir un jet de Bagarre, de Force Brute ou de Style de Combat afin de lui infliger des dégâts.

Utiliser des Armes sur des Objets Inanimés

Utiliser une arme sur un objet inanimé dont les points d'armure sont égaux ou supérieurs à ceux de l'arme inflige des dégâts à la fois à l'objet et à l'arme. Ainsi, utiliser une hache sur une porte en fer peut endommager la porte, mais la hache sera détruite bien avant celle-ci. Au Maitre de Jeu de juger si un objet peut être affecté par telle arme ou tel outil. Par exemple, un burin est explicitement conçu pour graver sur de la pierre ou du bois ; une épée, malgré son tranchant, ne l'est pas. De ce fait, graver une inscription sur un rocher ou un arbre avec une épée endommagerait celle-ci, alors qu'un burin ne subirait aucun dégât.

Exemples d'Objets inanimés

Objet	Points d'armure	Points de vie
Automobile	6	30
Chaines/fers	8	8
Chaise en bois	2	6
Char de combat principal	15	100
Corde	6	3
Épée	6	10
Fenêtre en verre	1	4
Fenêtre en verre pare-balles	8	25
Lampadaire en fer	8	15
Mur de château	10	500
Mur de briques	6	30
Mur de béton	8	40
Porte en bois	4	15
Porte en fer	12	30
Portail de château	8	150
Poutre en acier	12	50
Camion/pelleteuse	8	40
Tronc d'arbre	6	50
Véhicule blindé de transport de troupes	10	50

Créatures

Animaux, monstres et créatures mythiques peuplent bien des aventures. Les créatures serviront principalement d'adversaires, mais il ne faut pas les réduire à ce seul rôle. En effet, comme les personnages, les créatures ont des motivations, des instincts et des buts spécifiques. De plus, les créatures intelligentes peuvent se montrer aussi astucieuses que des personnages. Elles peuvent même être développées comme des personnages à part entière.

La plupart des créatures sont définies par les mêmes caractéristiques, attributs et compétences que les personnages joueurs (avec l'instinct INS remplaçant l'INT pour les espèces non intelligentes). Toutefois, il existe des éléments qui différencient ces espèces des humains standards, notamment leurs capacités qui proviennent de leur morphologie ou de leur caractère surnaturel.

Les créatures suivantes sont des exemples réels ou imaginaires destinés à vous aider à démarrer. Bien d'autres sont disponibles dans la version complète de Mythras et ses suppléments.

Fourmi, Géante

Grâce à ses mandibules géantes, la fourmi géante peut saisir, tordre ou écraser ses ennemis. Elle utilise l'effet spécial Saisir pour immobiliser la proie et, si celle-ci continue à résister, tente de la piquer avec son dard. La victime qui est touchée doit effectuer un jet d'opposition entre son Endurance et celle de la fourmi afin de résister au poison. Si le jet est raté, elle subit une douleur atroce à la localisation touchée, qui sera inutilisable pendant 30 − CON minutes.

Une fourmi solitaire ne s'en prendra pas à des créatures plus grandes qu'elle ; elle préfèrera fuir ou rester sur la défensive, tout en envoyant des phéromones à ses congénères afin de rassembler une troupe conséquente. Par contre, un groupe de fourmis n'hésitera pas à attaquer.

Les statistiques fournies correspondent à une fourmi ouvrière ou à un soldat. Une reine est deux fois plus grande et deux fois plus forte : 4d6 + 14 pour la FOR et la TAI, mais une DEX de seulement 2d6, reflétant son existence sédentaire dans la colonie.

Fourmi, Géante	Attributs	
FOR : 4d6 (14)	Points d'action	2
CON : 3d6 + 6 (17)	Mod. dégâts	+ 1d2
TAI : 4d6 (14)	Points de magie	4
DEX : 2d6 + 6 (13)	Mouvement	12 m
INS : 2d6 + 2 (9)	Bonus d'initiative	11
POU : 1d6 (4)	Armure	Chitine
	Capacités	Armes naturelles redoutables, Venimeux
	Magie	Aucune

1d20	Localisation	PA/PV
1	Patte arrière droite	4/6
2	Patte arrière gauche	4/6
3	Patte centrale droite	4/6
4	Patte centrale gauche	4/6
5-9	Abdomen	4/8
10-13	Thorax	4/9
14	Patte avant droite	4/6
15	Patte avant gauche	4/6
16-20	Tête	4/7

Compétences

Athlétisme 67 %, Endurance 74 %, Esquive 56 %, Force Brute 68 %, Perception 53 %, Pistage 66 %, Volonté 48 %

Style de combat et armes

Attaque de Fourmi (mandibules, dard) 67%

Arme	Taille/Impact	Allonge	Dégâts	PA/PV
Morsure	M	T	1d6 + 1d2	Comme la tête
Dard	M	M	1d4 + 1d2	1/2

Ours

Les statististiques suivantes représentent un grizzly, un kodiak ou un ours polaire. L'ours brun ou noir européen est généralement plus petit (− 6 en FOR, − 10 en TAI, réduisez la taille d'arme et les dégâts d'un niveau), tandis qu'un ursidé préhistorique, comme l'ours à face courte, est souvent plus grand et plus fort (+ 6 en FOR et + 10 en TAI).

Un ours tentera d'intimider son adversaire par ses grognements avant un combat ou pour l'éviter. La cible devra réussir un jet simple de Volonté pour y résister. Un succès signifie qu'elle parvient à tenir sa position. En cas d'échec, elle utilisera le prochain round pour s'éloigner instinctivement de la créature. En cas de maladresse, elle prend ses jambes à son coup et fuit le plus vite possible. Une réussite critique permet à la cible d'ignorer entièrement les conséquences de l'intimidation de l'ours et de ses congénères pendant toute la rencontre. Les effets de l'intimidation durent tant que la créature est menaçante, ce qui inclut donc les moments où elle attaque.

En combat, l'ours essaie d'agripper un adversaire avec ses griffes, avant de le mordre ou de le lacérer.

Ours	Attributs	
FOR : 2d6 + 18 (25)	Points d'action	3
CON : 2d6 + 6 (13)	Mod. de dégâts	+ 1d12
TAI : 4d6 + 20 (34)	Points de magie	7
DEX : 2d6 + 6 (13)	Mouvement	8 m
INS : 2d6 + 6 (13)	Bonus d'initiative	13
POU : 2d6 (7)	Armure	Fourrure épaisse
	Capacités	Intimidation, Vision nocturne
	Magie	Aucune

1d20	Localisation	PA/PV
1-3	Patte arrière droite	3/10
4-6	Patte arrière gauche	3/10
7-9	Arrière-train	3/11
10-12	Poitrail	3/12
13-15	Patte avant droite	3/10
16-18	Patte avant gauche	3/10
19-20	Tête	3/10

Compétences

Athlétisme 68 %, Discrétion 66 %, Endurance 66 %, Esquive 46 %, Force Brute 79 %, Natation 68 %, Perception 60 %, Pistage 66 %, Survie 60 %, Volonté 44 %

Style de combat et armes

Fureur ursine (morsure, griffes) 78 %

Arme	Taille/Impact	Allonge	Dégâts	PA/PV
Morsure	G	C	1d8 + 1d12	Comme la tête
Griffes	TG	L	1d8 + 1d12	Comme les pattes

Homme-lézard

L'homme-lézard possède un corps musclé, des mains et des pieds griffus, un museau allongé rempli de dents tordues, une grande queue et une peau écailleuse souvent magnifiquement colorée. Pourvu d'écailles épaisses et adapté aussi bien aux environnements humides que secs, il vit dans des régions qui seraient des enfers pour des humains, comme les déserts brulants, les marais pestilentiels ou les jungles tropicales, et au sein de sociétés primitives ou barbares basées sur un mode de vie violent.

Homme-lézard	Attributs	
FOR : 2d6 + 9 (16)	Points d'action	3
CON : 2d6 + 6 (13)	Mod. de dégâts	+ 1d4
TAI : 2d6 + 9 (16)	Points de magie	11
DEX : 2d6 + 6 (13)	Mouvement	6 m
INT : 2d6+6 (13)	Bonus d'initiative	13
POU : 3d6 (11)	Armure	Écailles dures. Les guerriers peuvent porter n'importe quel type d'armure.
CHA : 2d6 (7)	Capacités	Sang froid, Vision nocturne
	Magie	Des spécialistes peuvent pratiquer l'animisme ou le théisme.

1d20	Localisation	PA/PV
1-3	Queue	3/6
4-5	Jambe droite	3/6
6-7	Jambe gauche	3/6
8-10	Abdomen	3/7
11-14	Poitrine	3/8
15-16	Bras droit	3/5
17-18	Bras gauche	3/5
19-20	Tête	3/6

Compétences

Artisanat (tous primitifs) 56 %, Athlétisme 59 %, Bagarre 59 %, Coutumes 56 %, Endurance 66 %, Esquive 56 %, Force Brute 62 %, Natation 69 %, Perception 54 %, Perspicacité 44 %, Savoir Régional 66 %, Volonté 52 %

Passions

Loyauté (tribu) 90 %, Haine (ennemis) 80 %

Style de combat et armes

Guerrier lézard (hache de pierre, lance courte, rondache) 69 %

Arme	Taille/Impact	Allonge	Dégâts	PA/PV
Morsure	M	M	1d6 + 1d4	Comme la tête
Griffes	M	T	1d4 + 1d4	Comme les bras
Queue	M	L	1d4 + 1d4	Comme la queue
Lance courte	M	L	1d8 + 1 + 1d4	4/5
Hache de pierre	M	M	1d6 + 1 + 1d4	4/8
Rondache	G	C	1d3 + 1 + 1d4	4/9

Manticore

Effrayante combinaison d'un corps de lion à visage humain et d'une queue de scorpion géant, la manticore est un monstre féroce qui peuple mythes et légendes. Elle possède deux armes redoutables : un dard et des épines, dont le venin peut terrasser la plupart des créatures. En secouant sa queue, la manticore peut lancer les épines comme des flèches ; elle sera rarement à court de munitions, car les épines se reconstituent en permanence. La virulence du venin de manticore est égale à l'Endurance de la créature. Le venin prend effet 1 round après la blessure et entraine la paralysie de 1d3 localisations contigües. Si le venin affecte la poitrine, la victime commence à s'asphyxier et mourra si elle n'est pas soignée.

Manticore	Attributs	
FOR : 2d6 + 15 (22)	Points d'action	3
CON : 2d6 + 9 (16)	Mod. de dégâts	+ 1d10
TAI : 2d6 + 18 (25)	Points de magie	11
DEX : 3d6 + 6 (17)	Mouvement	10 m
INS : 2d6 + 7 (14)	Bonus d'initiative	16
POU : 3d6 (11)	Armure	Fourrure, crinière et chitine
	Capacités	Frénésie, Sauteur, Venimeux
	Magie	Aucune

1d20	Localisation	PA/PV
1-3	Queue	6/9
4-5	Patte arrière droite	3/9
6-7	Patte arrière gauche	3/9
8-10	Arrière-train	3/10
11-14	Poitrail	3/11
15-16	Patte avant droite	3/9
17-18	Patte avant gauche	3/9
19-20	Tête	5/9

Compétences

Athlétisme 69 %, Discrétion 71 %, Endurance 72 %, Esquive 74 %, Force Brute 61 %, Perception 65 %, Pistage 60 %, Volonté 62 %

Style de combat et armes

Chasseur d'Homme (morsure, griffes, épines et dard) 79 %

Arme	Taille/Impact	Allonge	Dégâts	PA/PV
Morsure	M	T	1d4 + 1d10	Comme la tête
Griffes	G	M	1d6 + 1d10	Comme les pattes
Dard	TG	L	1d8 + 1d10 + venin	Comme la queue
Projection d'épines	G	–	1d6 + 1d10 + venin	

Xénomorphe

Le xénomorphe est une forme de vie parasite qui pond des œufs à l'intérieur de créatures vivantes. Une fois éclose, une larve de xénomorphe se nourrit de son hôte et se transforme en une forme hybride adaptée à son environnement. La seule raison d'être d'un xénomorphe est de se reproduire, c'est-à-dire de chasser un maximum d'hôtes pour les féconder violemment. S'il ne reste plus aucun hôte disponible ou que l'inanition menace, le xénomorphe tisse un cocon, entre en hibernation et cannibalise sa propre énergie. Il peut subsister ainsi pendant des décennies et finir par se transformer en une forme de vie minimaliste, à peine intelligente. Tous les xénomorphes partagent des caractéristiques communes, quel que soit l'ADN des hôtes qu'ils consomment : un exosquelette en chitine, une queue, la capacité d'écholocalisation et un sang acide. Les statistiques suivantes concernent un hôte humain.

Xénomorphe	Attributs	
FOR : 2d6 + 15 (22)	Points d'action	2
CON : 2d6 + 6 (13)	Mod. de dégâts	+ 1d6
TAI : 2d6 + 9 (16)	Mouvement	8 m
DEX : 2d6 + 18 (25)	Bonus d'initiative	18
INS : 2d6 + 4 (11)	Armure	Exosquelette
POU : 3d6 (11)	Capacités	Sang Acide*, Frénésie**

1d20	Localisation	PA/PV
1-3	Queue	6/5
4-5	Jambe droite	6/6
6-7	Jambe gauche	6/6
8-10	Abdomen	6/7
11-14	Poitrine	6/8
15-16	Bras droit	6/5
17-18	Bras gauche	6/5
19-20	Tête	6/7

Compétences

Athlétisme 77 %, Discrétion 76 %, Endurance 56 %, Esquive 80 %, Force Brute 68 %, Perception 62 %, Pistage 64 %, Volonté 52 %

Style de combat et armes

Chasseur Parasite (griffes, queue) 77 %

Arme	Taille/Impact	Allonge	Dégâts	PA/PV
Griffe	M	M	1d4 + 1d6	Comme les bras
Queue (fouet)	G	L	1d6 + 1d6	Comme la queue

* Lorsqu'un xénomorphe est blessé, son sang acide jaillit sur les attaquants qui se trouvent en combat rapproché avec lui. Le sang inflige 1d3 points de dégâts pendant 1d3 rounds à une localisation aléatoire. L'acide s'attaque d'abord à l'armure avant d'atteindre la chair en dessous.

** À moins de réussir un jet de Volonté, un xénomorphe blessé entre dans un état de frénésie qui dure un nombre de rounds égal à la CON de la créature. Pendant cette période, le xénomorphe voit rouge et perd tout instinct de conservation. Il ne peut utiliser ses points d'action que pour attaquer ou se déplacer pour combattre : parade, esquive et toutes les autres actions défensives sont interdites. La frénésie permet au xénomorphe d'ignorer toutes les conséquences néfastes des Blessures Sérieuses. Toutefois, une Blessure Grave sera toujours incapacitante.